Citim. Știm.

Marie de HENNEZEL

Vârsta, dorința & dragostea

O pledoarie pentru viața intimă

Traducere: Clara Manole

NICULESCU

Descrierea CIP este disponibilă
la Biblioteca Națională a României

© Éditions Robert Laffont / Versilio, 2015
Titlu original: *L'âge, le désir et l'amour. Un avenir pour l'intimité amoureuse*
par Marie de Hennezel

© Editura NICULESCU, 2017
Bd. Regiei 6D, 060204 – București, România
Telefon: 021 312 97 82; Fax: 021 312 97 83
E-mail: editura@niculescu.ro
Internet: www.niculescu.ro

Comenzi online: www.niculescu.ro
Comenzi e-mail: vanzari@niculescu.ro
Comenzi telefonice: 0724 505 385, 021 312 97 82

Redactor: Anca Natalia Florea
Tehnoredactor: Dragoș Dumitrescu
Coperta: Carmen Lucaci

ISBN 978-606-38-0079-5

Toate drepturile rezervate. Nicio parte a acestei cărți nu poate fi reprodusă sau transmisă sub nicio formă
și prin niciun mijloc, electronic sau mecanic, inclusiv prin fotocopiere, înregistrare sau prin orice sistem
de stocare și accesare a datelor, fără permisiunea Editurii NICULESCU.
Orice nerespectare a acestor prevederi conduce în mod automat la răspunderea penală față de legile
naționale și internaționale privind proprietatea intelectuală.

Editura NICULESCU este partener și distribuitor oficial **OXFORD UNIVERSITY PRESS** în România.
E-mail: oxford@niculescu.ro; Internet: www.oxford-niculescu.ro

Lui Tatanka Illé

„Oare nu dragostea este singurul remediu împotriva morții, a senectuții, a rutinei zilnice?[1]"

ANAÏS NIN

---

[1] Anaïs Nin, *Jurnal*, Paris, Stock, 1972, vol. IV. (*n. a.*)

Cuprins

Cuvânt-înainte 13
O pledoarie pentru viața intimă 17

Vârsta dorinței și a plăcerii 23
   Dacă urmărim doar performanța sexuală,
      suntem pierduți! 24
   Dezvoltarea unei predispoziții erotice 27
   Intimitatea cotidiană 29
   Un spațiu destinat inițiaților 33
   Unde sunt plasate barierele? 36

A doua adolescență 41
   Boomul sexualității seniorilor 41
   „Adolescentizarea" trupurilor și a inimilor 43
   Fantasma iubirii ideale 45
   O colecție de amanți 48
   Tentația legăturilor paralele 53

Cuplurile care sfidează timpul 61
   Decizia de a fi fericit 61
   Să visezi cu ochii deschiși alături de celălalt 64
   Cultivarea armoniei de dragul armoniei 67

Satisfacerea sexuală 71
   Am decis să nu mai facem dragoste 72
   Dorința pusă deoparte 76
   Să te opui satisfacerii plăcerii carnale 78

Singurătate și libertate 83
   Singurătatea care aduce suferință 84
   Să îndrăznești să-ți oferi plăcere 87
   Viața între femei 90
   Inițiatoarele 91

Un alt fel de sexualitate 95
   Adevărata voluptate se descoperă doar după
      60 de ani 96
   O sexualitate împlinită și liniștită 107
   Un univers erotic împărtășit 112
   Alegerea bucuriei ca mod de viață 122
   O anumită etică a secretului 130
   În căutarea unei noi armonii 136

În căutarea erotismului 141
   Să faci dragoste lent 141
   Femeile tantrice 142
   Trupurile știu să facă dragoste 148
   Izolările erotice 151
   Călătoria lui Tiresias 153
   Comuniunea în nemișcare 156
   Exigențe juvenile greu încercate 160
   Meditația orgasmică 163

Iubirile vârstei a treia 165
   O sexualitate afectivă 165
   Cu siguranţă mai fac dragoste 169
   *Suntem octogenari care încă vrem să facem
      dragoste* 170
   A face gesturi tandre 174
   Dorinţa poate ţine toată viaţa 178
   Legături erotice dincolo de moarte 180
   Să avem înţelepciunea să ne oprim 182
   O atitudine binevoitoare 185
   Plăcerile dragostei în căminele pentru bătrâni 187
   Respect pentru intimitate? Până unde? 190

Concluzii 193
Postfaţă inedită 199
Mulţumiri 205

Cuvânt-înainte

Această carte nu are pretenția să facă lumină în chestiunea încă tabu referitoare la viața sexuală a persoanelor de vârsta a treia. Nu se vrea nici o lucrare exhaustivă. Am mai abordat acest subiect în capitolul „Bătrânețea și satisfacerea plăcerilor" din cartea mea *La chaleur du cœur empêche nos corps de rouiller* (*Căldura sufletelor ne menține trupurile în formă*). În cartea de față voi continua acele observații sub forma unui jurnal, încercând să găsesc echilibrul între pudoare și impudoare, așa încât misterul și profunzimea vieții intime a persoanelor în vârstă să nu fie violate. Așadar, cititorul este invitat să mă urmeze în călătoria mea la limita unui tărâm necunoscut, de-a lungul întâlnirilor mele, al lecturii de cărți și de articole, al propriilor mele meditații și chiar în incursiunile mele pe teritorii foarte îndepărtate, ca cel al tantrismului sau al artei plăcerii dezvoltate în Orient.

Când eşti îndrăgostit de iubire, rămâi aşa toată viaţa. Pentru dorinţă, erotism şi intimitatea fizică nu există vârstă. Trebuie doar să dai frâu liber sufletului şi trupului care ştiu să facă dragoste. Este însă o mare greşeală să cauţi să retrăieşti senzaţiile din tinereţe.

O pledoarie pentru viaţa intimă

Aparţin generaţiei care a făcut „revoluţia sexuală" din anii '70 şi care şi-a propus să îmbătrânească cât mai puţin şi cât mai târziu posibil. O generaţie care se preocupă de sine, de sănătatea ei, de calitatea vieţii şi de căutarea plăcerii. O generaţie tonică, liberă, solidară cu copiii ei, dar şi cu părinţii, generoasă şi în acelaşi timp egoistă, mânată de dorinţa de a călători, de a învăţa şi de a explora domenii necunoscute. Pe scurt, *o generaţie doritoare*.

În această carte mă adresez acestei generaţii şi tuturor acelora care se apropie de vârsta de 60 de ani. Bărbaţi sau femei, cu toţii au resimţit primele semne ale îmbătrânirii sexuale şi îşi pun problema viitorului vieţii lor intime. Sunt conştienţi că mai au, cei mai mulţi dintre ei, mai mult de un sfert de viaţă înainte. Cum va fi aceasta? Cu sau lipsită de dragostea fizică?

Un studiu recent[1] publicat de Institutul pentru o Bătrâneţe Sănătoasă „Korian", referitor la raporturile dintre vârstă şi viaţa sexuală, arată că doar 12% dintre persoanele de 65 de ani spun că *a face dragoste* este pentru ei o sursă de plăcere,

---

[1] *Âge et plaisir* („Vârsta şi viaţa sexuală"), anchetă IPSOS, decembrie 2013. (*n. a.*)

în timp ce 36% afirmă faptul că şi-ar dori acest lucru. Se constată aşadar un decalaj destul de mare între cei care şi-ar dori să aibă activitate sexuală la această vârstă şi cei care au încă şi se bucură de ea.

În mod evident, există piedici în calea împlinirii sexuale de la o vârstă încolo. Unele ţin de mediu, de singurătate, de modul în care este privit acest aspect de generaţia mai tânără. Altele ţin însă de imaginea pe care o are fiecare despre sine însuşi, despre propriul corp – perceput ca atrăgător sau neatrăgător – şi de importanţa pe care o acordă erotismului, plăcerii carnale în viaţa sa, în general, şi în cea de cuplu, în particular. În fine, ultima piedică o reprezintă dificultatea de a concepe un alt fel de sexualitate, mai puţin instinctuală, mai senzuală, mai lentă, în care îşi fac locul înţelegerea tacită, tandreţea şi intimitatea.

Ancheta pe care am întreprins-o timp de mai mult de un an mi-a dovedit însă faptul că nu există limită de vârstă pentru viaţa intimă şi pentru dorinţă, în ciuda faptului că de la o vârstă încolo oamenii caută să ascundă acest lucru. Toate acestea ţin de o intimitate secretă, care nu se doreşte expusă, dar care joacă un rol esenţial în sănătatea fizică şi psihică a persoanelor de vârsta a treia, a seniorilor. Aici, ca şi în China antică, viaţa intimă este sursa unei longevităţi fericite. Unii afirmă chiar că, pe măsură ce se produce înaintarea în vârstă, „sexualitatea este mai frumoasă, durează mai mult şi este mai erotică"[1] deoarece femeia matură se

---

[1] Emisiune a postului TV Arte, moderată de Marie de Hennezel, în *La chaleur du cœur empêche nos corps de rouiller*, Robert Laffont, 2008. (*n. a.*)

dăruieşte mai profund şi îşi deschide trupul şi sufletul cu mai multă generozitate.

Ţine continuarea activităţii sexuale de temperament, de o predispoziţie către dragoste manifestată continuu? Da, cu siguranţă. Aşa stând lucrurile, putem afirma că, atâta vreme cât am avut această predispoziţie în tinereţe, ea va continua, şi, în acest caz, o carte referitoare la acest subiect este inutilă. Realitatea este însă mult mai complexă.

Spre exemplu, ce îi determină pe sexagenarii care şi-au pierdut partenerul de viaţă să îşi caute sufletul pereche pe site-uri de specialitate, în căutarea uşor iluzorie a iubirii perfecte? Se pare că suntem în faţa unei a doua adolescenţe a celor care profită de bucuria pensionării, pentru a trăi o senzualitate de care nu au avut probabil parte mai tineri fiind.

De unde provine această creativitate afectivă care îi obligă pe oameni să evolueze în felul lor de a iubi şi de a experimenta bucurii noi, care le determină pe femei să se dăruiască mai mult, pe bărbaţi să fie mai atenţi şi mai tandri, iar cuplurile să-şi clădească un cuib al dragostei? Vom vedea, parcurgând această carte, tot ce pot învăţa seniorii din artele erotice ale Orientului, specifice tantrismului şi taoismului.

În fine, care sunt resorturile atracţiei sexuale dintre un bărbat şi o femeie care nu mai sunt tineri? În societatea actuală, normele tinereţii sunt atât de puternice, încât ne este greu să ne imaginăm jocul erotic între două trupuri veştejite de vârstă. De unde provine această dorinţă care nu se hrăneşte din aspectul trupurilor, din frumuseţea estetică, ci din farmecul personal, din profunzimea unei priviri sau din strălucirea unui zâmbet? De unde vine această dorinţă care se nutrește din plăcerea de a fi împreună, dintr-o armonie a sufletelor, din moliciunea pielii, din pulsul și din prezența celuilalt, din emoția întâlnirii? De unde provine această dorință care durează până târziu în viață?

Toate aceste întrebări m-au preocupat pe parcursul întregii călătorii în lumea erotică a seniorilor, o călătorie din care am revenit cu o certitudine: această intimitate erotică la care mulți aspiră, dar pe care puțini reușesc să o trăiască, presupune o adevărată mutație. Toți specialiștii confirmă faptul că nu se poate face dragoste la 60 de ani ca la 40 de ani. Trupul nu mai răspunde dorințelor. Trebuie să lăsăm în urmă ceea ce știm, sexul performant, fantasmele trecutului și „să ne lăsăm să facem dragoste", adică să știm să primim plăcerea așa cum este ea, fără să ne agățăm de ceea ce ar trebui să fie. Calitatea relației este în acest caz esențială, la fel și capacitatea de a crea o intimitate zilnică. În opinia multora, nu se pierde nimic prin înlocuirea sexualității genitale (sau „mature") cu cea erotică, aș spune că, dimpotrivă.

Scriind această carte, sper să ofer o perspectivă diferită asupra viitorului vieții noastre intime. Știu că numeroși seniori și-ar dori să experimenteze acest nou tip de sexualitate despre care filozoful Robert Misrahi afirmă că poate contribui la „înfrumusețarea vârstei a treia": cei care au șansa de a fi încă împreună, dar care sunt cuprinși de oboseală[1]; îndrăgostiții, adesea singuri în viață, văduvi sau divorțați,

---

[1] Acum 20 de ani, o anchetă NORC (National Opinion Research Center – Centrul Național de Cercetare a Opiniilor) afirma că mai mult de 30% dintre bărbații și 26,7% dintre femeile de peste 65 de ani nu mai făceau dragoste nici măcar o dată pe lună. (*n. a.*)

care speră într-o nouă întâlnire; bărbații care îmbătrânesc și își doresc încă o viață sexuală activă, dar care sunt măcinați de angoasa de a-și fi pierdut virilitatea, precum și de teama de a fi respinși din această cauză. Aceștia din urmă vor fi tentați să se orienteze către femei mai tinere, pentru a-și întreține iluzia tinereții pierdute. Pot însă și să încerce un nou tip de sexualitate în interiorul cuplului.

De asemenea, prin demersul meu, invit generația copiilor și pe cea a nepoților noștri să privească cu mai multă bunăvoință iubirile vârstei a treia, să le respecte și să le trateze cu tandrețe.

Vârsta dorinţei şi a plăcerii

În momentul în care am început să scriu această carte, la Pinacoteca din Paris se desfăşura o expoziţie *Kama Sutra*[1], subintitulată „Spiritualitate şi erotism în arta indiană".

Ar trebui poate să amintesc occidentalului de condiţie medie ce continuă să creadă despre *Kama Sutra* că este o carte pornografică, un tratat de „acrobaţie erotică", o colecţie de poziţii sexuale, că acest text foarte vechi este „o carte despre viaţă", care arată rolul sexualităţii în dezvoltarea bărbaţilor şi a femeilor. Scopul său este acela de a arăta că, pentru o viaţă fericită, este necesar un echilibru între *dharma*, adică „virtute", *artha*, adică „bunăstarea materială" şi *kàma*, „dragoste şi plăcere". Trăindu-ţi viaţa într-un mod erotic – adică punând noţiunea de voluptate în centrul a tot ceea ce faci şi trăieşti –, poţi atinge, în concepţia hindusă, *moksha*, adică „detaşarea" şi „iluminarea spirituală".

Erotismul este o cale de împlinire şi de acces la sfera divinului. Pe panoul de prezentare de la intrarea în expoziţie era scris: „Dacă în creştinism Dumnezeu este dragoste, în India,

---

[1] Unul dintre textele fundamentale ale literaturii sanscrite, scris în secolul al IV-lea. (*n. a.*)

Dumnezeu face dragoste[1]." Și în continuare, această frază la care îi las pe cititorii mei să mediteze: „Dragostea nu ține de suflet, ci de trup."

Plimbându-mă printre gravuri și statuete, îmi spuneam că mă aflu în sânul unei mentalități total diferite de a noastră, a occidentalilor. Concepția europeană afirmă că, pentru a ajunge la detașare, la înțelepciune, este necesară o formă de asceză. Cultura hindusă susține, dimpotrivă, că ființa umană aflată în căutarea plăcerii și ajunsă la capătul călătoriei poate în sfârșit să se detașeze – căci nu te poți detașa decât de ceea ce cunoști pe deplin, precum fructul care se desprinde de creangă abia când este bine copt. În India, vârsta a treia este considerată vârsta maturității, și ceea ce este propriu acestei vârste îl reprezintă faptul că trebuie să trăiască din plin *kàma*, „dorința" și „voluptatea".

Dacă urmărim doar performanța sexuală, suntem pierduți!

Este vârsta a treia, așa cum se afirma în vechea Indie, vârsta dorinței și a plăcerii? Înainte de a-mi începe ancheta, mi-am propus să cer părerea specialiștilor. M-am gândit la prietenul meu François Parpaix[2], sexolog la Évian, și apoi la Brigitte Lahaie (prezentatoarea unui talk-show radiofonic), care este, după părerea mea, un martor incontestabil al vieții sexuale a francezilor.

---
[1] Michel Angot, *L'Art érotique hindou* („Arta erotică hindusă"). (*n. a.*)
[2] François Parpaix, *Pour être de meilleurs amants* („Să facem dragoste mai bine"), Robert Laffont, 2004 și pe site-ul www.couple-et-sentiments.fr. (*n. a.*)

Mă bucur atunci când François vorbește despre sexualitate. Pe lângă competența datorată faptului că vede în fiecare an sute de persoane care vin să-i încredințeze problemele, are un anume fel pitoresc, poetic și frust în același timp, de a vorbi despre lucruri pe care nimeni nu îndrăznește să le abordeze. De altfel, este și un excelent comediant, autor al unui spectacol „viu, plin de autoderiziune, ritmat și convivial" pe care l-a oferit la Congresul de Sexologie de la Montreal în septembrie 2014: „Sunt sexolog și mă tratez". Este vorba despre monologul amuzant și tulburător al unui medic care vorbește despre viața lui sentimentală și sexuală. Spectatorul se identifică, cu mare ușurință, cu dificultățile și frământările acestui om. Mesajul pe care François Parpaix reușește să-l transmită în acest spectacol este că viața sexuală reușită a unui cuplu se datorează intimității și atracției de zi cu zi.

Mi-ar plăcea să-mi spună ce crede despre acest paradox: pe de o parte, se afirmă că sexualitatea este un drept al tuturor, indiferent de vârstă, că viața sexuală îndelungată constituie secretul longevității și sănătății, că vechile concepții potrivit cărora sexualitatea este apanajul tinereții sunt complet false deoarece un procentaj important de seniori au o viață sexuală activă și sunt încă plini de dorință; pe de altă parte, se spune că îmbătrânirea sexuală este un fenomen real și că dorința scade odată cu înaintarea în vârstă. Ce se întâmplă de fapt?

François este categoric: „Trebuie să fim rezonabili atunci când vorbim de plăcere sexuală și de dorință în cazul seniorilor." Da, într-adevăr, îmbătrânirea sexuală este reală. Nu trebuie să ne îmbătăm cu apă chioară. Mai întâi are loc o uzură senzorială, o excitare întârziată, o diminuare a plăcerii, toate acestea provocate de modificările hormonale, o lentoare în reacții, tulburări erectile la bărbați[1] și o uscăciune și o atrofie vaginală la femei, cu excepția situației în care sunt sub TSH[2], caz în care are loc o umectare lentă. Este nevoie de mai mult timp pentru a ajunge la orgasm. A face dragoste poate să devină un act obositor, inconfortabil din pricina pierderii elasticității și mobilității, a reumatismului, a durerilor de diferite tipuri. Silueta se modifică, masa musculară scade, persoana ia mai mult în greutate. Aspectul general al corpului este afectat. Începi să te simți „bătrân" în ochii celorlalți și, ca urmare, dezagreabil. În plus, adaugă François, „medicația, antidepresivele, diureticele, substanțele psihotrope, tratamentele contra diabetului atenuează emoțiile și senzația de bine. Toate acestea afectează viața sexuală și dorința și, de altfel, două treimi dintre seniori sunt de părere că aptitudinea lor de a face dragoste se va diminua în deceniul care va urma".

Sunt puțin zdruncinată de acest tablou descurajant care pare să confirme concepția, profund înrădăcinată în inconștientul nostru personal și colectiv, că sexul *este pentru tineri*. De altfel, aceasta este părerea pe care o împărtășește majoritatea: sexualitatea unei persoane în vârstă nu poate fi decât nefirească, ridicolă, deplasată și, bătrân fiind, nu mai poți nici inspira, nici resimți dorință.

Punând accentul pe această îmbătrânire a corpului, François dorea de fapt să mă împiedice să idealizez viața

---

[1] Tulburările erectile afectează 34% dintre bărbații între 60 și 69 de ani, 53% dintre cei de 70 și 79 de ani și 81% peste 80 de ani. (*n. a.*)

[2] *TSH* = Terapie de Substituție Hormonală. (*n. a.*)

sexuală a seniorilor. Totuşi, mă asigură că, în ciuda îmbătrânirii sexuale, există o viaţă intimă şi erotică a persoanelor de peste 60 de ani[1], mai ales dacă sexualitatea a jucat un rol important în tinereţea lor şi dacă au încă un partener, cu o condiţie esenţială: să nu încerce să obţină *performanţe sexuale*, căci acest lucru la o asemenea vârstă înseamnă sfârşitul!

„Seniorii care au practicat sexul de tip «descărcare nervoasă» sunt repede puşi la zid", afirmă el, „deoarece nu au alte repere. Atâta vreme cât sunt fiziologic apţi pentru sex, nu au probleme. Dar în momentul în care îmbătrânesc şi capacitatea organului sexual de a deveni erect şi de a ejacula se diminuează, sau disponibilitatea pentru anumite poziţii se reduce din cauza durerilor de spate sau de şolduri, sau respiraţia devine greoaie, sau femeia nu mai poate suporta o anumită greutate, nu mai eşti stăpân pe propriul tău corp. Toate aceste lucruri reduc încrederea în capacitatea de a face dragoste."

Dezvoltarea unei predispoziţii erotice

În acest moment este cazul să te reorientezi şi să încerci să dezvolţi o predispoziţie erotică, aptitudinea de a seduce, precum şi capacitatea de a te lăsa îmbrăţişat, sărutat.

---

[1] Aproape toate anchetele sunt de acord cu faptul că ⅘ dintre bărbaţi şi ⅗ dintre femei sunt activi din punct de vedere sexual până spre vârsta de 70 de ani. Aceste procente scad la ⅓ pentru bărbaţi şi ⅕ pentru femei după 75 de ani. (*n. a.*)

Menținerea vieții erotice după vârsta de 60 de ani impune o mutație în ceea ce privește sexualitatea. Calitatea relației este foarte importantă în acest caz: a-ți acorda răgaz, a oferi răgaz și celuilalt, a explora o sexualitate mai lentă, mai senzuală, mai jucăușă, bazată pe mângâieri, pe emoție și pe intimitate, a accepta plăcerea atâta câtă este și câtă se oferă, fără concentrarea *pe ceea ce ar trebui să fie*. Iată care sunt reperele acestei sexualități mai puțin genitale, dar mai erotice și, fără nicio urmă de îndoială, la fel de satisfăcătoare.

„Desigur, dacă ne dorim o sexualitate instinctuală și comparăm ceea ce se întâmplă acum cu ceea ce trăiam la 40 de ani, spunem că nu este la fel de bine. Iată de ce trebuie să ne plasăm pe alte coordonate."

François Parpaix insistă asupra faptului că nu toată lumea este capabilă să facă această schimbare. Mulți seniori preferă să tragă linie în dreptul vieții lor sexuale „deoarece, în fond, asta nu mai este ceva atât de important... Este momentul să întoarcă foaia". Alții însă „vor profita de acest doliu după «sexualitatea lor performantă»", deoarece sexul a fost întotdeauna foarte important pentru ei. Vin la cabinet și îmi spun: „Pentru mine, soția mea este frumoasă și atractivă", iar soția afirmă: „Soțul meu este încă puternic. Îmi place să-l privesc când face una sau alta". Și atunci înțeleg că acești oameni știu încă să se placă unul pe celălalt și că au reușit să-și orienteze sexualitatea pe drumul erotismului. Fără îndoială că în acest demers le-a fost de ajutor cultura erotică pe care o posedă încă din timpul tinereții.

Intimitatea cotidiană

Persoanele în vârstă vin la sexolog în momentul în care se angajează într-o nouă relație, după o perioadă de doliu sau după o despărțire. „De fapt, mai ales femeile sunt cele care au inițiativa și își conving partenerul să ne viziteze. Bărbații, tulburați de problemele de erecție pe care le au, încearcă să minimizeze importanța acestei vizite; în schimb, femeile așteaptă altceva de la o relație. Dincolo de pretextul consultației, sexologul din mine descoperă o întreagă *patologie a intimității*."

François Parpaix insistă încă o dată asupra necesității de a distinge între senzația fiziologică (care nu mai este la fel de puternică la 60 de ani ca la 40 de ani pentru că aceasta se diminuează) și perceperea plăcerii care închide în sine calitatea emoțională a legăturii.

Iată de ce, spune el, există femei care afirmă că se bucură de mai multă voluptate după 60 de ani. Această impresie, că ating o plăcere nemaicunoscută până la această vârstă, este dată de dimensiunile sentimentului de dragoste, de înțelegerea intimă și de imaginarul emoțional care joacă un rol foarte important în întâlnirile erotice. „Adesea, aceste femei, nu au nevoie de o erecție pentru a se bucura de plăcere[1]",

---

[1] Iată niște cifre interesante: un studiu telefonic recent la care a participat un număr de 507 femei din Franța (cu vârste cuprinse între 20 și 65 de ani) arată că un sfert dintre femeile respondente se confruntă cu probleme de erecție ale partenerului lor. Pe lângă absența penetrării (3%), lipsa de comunicare (18%), lipsa mângâierilor care să compenseze acest neajuns (17%), starea de jenă a partenerului (38%), precum și teama că această disfuncție este provocată de lipsa de atracție față de ele a partenerului sunt motive de angoasă pentru aceste femei. (Colson, 2005) (*n. a.*)

afirmă François Parpaix. „Ceea ce le trebuie este un climat afectiv, mângâieri și sărutări languroase și profunde. Imaginația erotică le stimulează perineul și le ajută să trăiască plăcerea". Mi-a dat exemplul uneia dintre pacientele sale de 75 de ani care i-a mărturisit recent că se simțea satisfăcută chiar dacă soțul ei nu mai avea erecție: „Încearcă de trei ori fără succes, dar eu ajung la orgasm".

Bărbaților le este însă greu să înțeleagă acest lucru. „Pentru ei, erecția este foarte importantă. Este cartea lor de vizită de masculi.", îmi spune medicul, povestindu-mi despre vizita unui bărbat de 94 de ani, care venise la cabinet cu taxiul, se sprijinea în baston, dar care i-a mărturisit: „Sunt îndrăgostit de o femeie de 75 de ani. Când o îmbrățișez, nu mai am nicio erecție. Mi-am pierdut soția acum cincisprezece ani și de atunci nu am mai făcut dragoste. Dați-mi, vă rog, o rețetă pentru Viagra." François i-a prescris, dar i-a spus că femeia aceasta aștepta probabil altceva de la el.

Îl rog pe prietenul meu sexolog să-mi povestească ceva mai mult despre provocările cuplului care înaintează în vârstă. François îmi spune că este foarte important să reușim să întreținem sentimentul de dragoste sau, cel puțin, tandrețea și senzația că suntem alături de celălalt, oferindu-i zilnic clipe de intimitate.

Arta de a străbate distanțe, de a deveni transparent pentru celălalt, de a-și pune în valoare masculinitatea sau feminitatea, arta de a rămâne seducător în ochii celuilalt, umorul, imaginația, senzualitatea, intensitatea emoțiilor, toate aceste lucruri se învață. Seducția se poate învăța și ea. François le oferă câteva „trucuri" pacienților săi.

Spre exemplu, pentru a crea cadrul potrivit pentru o întâlnire erotică, pentru a stabili o legătură între energiile erotice ale partenerilor trebuie îndeplinit un ritual: aceştia trebuie să se privească în ochi cel puţin o dată pe zi, să se îmbrăţişeze strâns, astfel încât zona inimii şi a sexelor să se atingă perfect şi să respire la unison cel puţin 20 de secunde pe zi. Toate aceste gesturi denotă dorinţa. Prin ele, cuplul intră într-un fel de dans erotic pe care François îl numeşte „intimitatea erotică în doi". Este arta de a ajunge la excitarea sexuală, la plăcere în doi, prin atingeri conştiente, gradat, nici prea repede, nici prea lent, trecând printr-o serie de gesturi preliminare până la atingerea comuniunii erotice voluptuoase ce substituie foarte bine „orgasmul de descărcare". Acest tip de voluptate este preponderent în viaţa seniorilor, substituindu-se chiar actului sexual în sine. Avem de-a face cu o adevărată artă erotică, fără constrângeri sau norme, chiar şi cu dreptul la eşec, oricare ar fi mijloacele folosite: mângâieri, jucării erotice, poziţii, potrivit experienţei şi vulnerabilităţii fiecăruia.

François îmi atrage atenţia că această intimitate erotică presupune să te laşi în voia sentimentelor, fără să te preocupi de felul în care arăţi. Multe personalităţi narcisiste nu pot accede la acest dans erotic deoarece se analizează fără încetare şi sunt intimidate de imaginea pe care o au despre ele însele: nu sunt frumos, am riduri, celulită, sexul meu este inert, ah, când mă gândesc la supleţea feselor mele, la ce sâni aveam! Comparaţia cu ceea ce eram odinioară face ca orice tentativă erotică să fie sortită eşecului.

Nu toate cuplurile au nevoie să ajungă la acest nivel de intimitate, mai ales dacă nu le interesează sexul. „Acestor cupluri nu trebuie să le vinzi sexualitate sau sexul miraculos care durează până la 90 de ani". Sunt oameni care se mulțumesc să aibă companie, să aibă pe cineva alături, să aibă parte de armonie sufletească fără ca organele sexuale să aibă vreun rol în acest tip de relație.

Iată de ce François ține mult ca și celelalte trei niveluri să fie considerate „moduri de a face dragoste": tandrețea, empatia conjugală și complicitatea.

François preconizează să creeze un ritual al intimității tandre: „Mângâieri din priviri, atingeri, îndepărtări și apropieri, atingeri pe buze, îmbrățișări. Nu îmbrățișări din acelea ghemuite ca ale copiilor. Postura de femeie-copil sau bărbat-copil ce caută protecție și securitate în brațele celuilalt nu are nimic a face cu erotismul."

Pentru menținerea empatiei conjugale și a armoniei, François propune ca partenerii să învețe să petreacă timp împreună: să se așeze, să povestească ce au făcut, să-și comunice emoțiile și trăirile de peste zi, să-și împărtășească ce cred despre emoțiile celuilalt. „Ia te uită, te-ai emoționat!". De asemenea, ei trebuie să-și manifeste recunoștința față de celălalt, să știe să creeze un soi de complicitate în proiectele comune.

François Parpaix afirmă că un cuplu în care există aceste trei niveluri de intimitate este unul fericit, chiar dacă partenerii nu mai fac dragoste „genitală".

Un spațiu destinat inițiaților

Și eu, și François Parpaix avem o admirație profundă față de Brigitte Lahaie.

În emisiunea sa radiofonică de pe RMC, „Lahaie, dragostea și voi", auditori din toate colțurile Franței îi împărtășesc problemele lor sexuale. Ea este „cea care știe tot, care a trăit și a experimentat tot sau aproape tot și căreia oamenii îi pot mărturisi orice" cu profundă încredere.

La întrebarea mea: „Brigitte, crezi că vârsta a treia este vârsta dorinței și a plăcerii?" mi-a răspuns având o figură nehotărâtă. „Am 60 de ani și pot să-ți spun că la 40 de ani era mai bine – eram mai suplă, mai atrăgătoare". Îi atrag atenția că în cartea pe care a publicat-o acum zece ani afirma că dragostea nu cunoaște vârstă și că putem „face sex până la moarte[1]". Brigitte admite că e adevărat, dar numai în cazuri excepționale.

Ca și prietenul meu sexolog, Brigitte refuză să vândă ideea că sexul este mai bun la 60 de ani decât la 40. „Majoritatea femeilor trecute de 60 de ani suferă de îmbătrânire sexuală. În plus, multe dintre ele nu au cunoscut niciodată împlinirea în viața lor erotică. Pe acestea nu le poți convinge că va fi mai bine odată cu înaintarea în vârstă. Să nu uităm că, pe măsură ce îmbătrânesc, devin mai singure. Și când ești singur, stima de sine nu este prea consistentă și ai acumulat frustrări, te afli la un pas de depresie. Te închizi în tine, te detașezi de cei din jur afișând o mină dură. Sexualitatea este aruncată

---

[1] Brigitte Lahaie, *Le Couple et l'Amour* („Cuplul și dragostea"), Flammarion, 2005; J'ai Lu, 2006, p. 137. (*n. a.*)

în cufărul cu vechituri și însăși ideea de sexualitate ți se pare absurdă."

Brigitte este, în mod evident, martora multor frustrări și eșecuri: dificultatea bărbaților de a fi la înălțimea așteptărilor: a femeilor care se întreabă dacă fac suficientă dragoste, dacă au cu adevărat orgasm; a femeilor care nu se simt confortabil în pielea lor, care nu se simt destul de libere, în ciuda evoluției mentalităților legate de sex; a femeilor aflate sub influența normativă a revistelor pentru femei care oferă o viziune robotizată a sexualității, în dezacord total cu sentimentele lor; în fine, a femeilor cărora li se impune obligația performanței, opusă sexualității fericite și împlinite la care visează.

Brigitte Lahaie nu crede în „sexualitatea care oferă împlinire" odată cu înaintarea în vârstă. Dar recunoaște că, atunci când între două persoane se stabilește o intimitate afectivă, cei doi pot ajunge la plăcere și la satisfacție, *un alt tip de plăcere*, mai lentă, dar mai profundă, determinată mai mult de legătura afectivă decât de excitarea fizică.

Aici suntem de acord. Sexualitatea nu poate fi *aceeași*. Cu toate acestea, nu este mai puțin satisfăcătoare: Paul, de 66 de ani, i-a mărturisit că face încă dragoste de două ori pe săptămână. „Mângâierile și tandrețea au devenit foarte importante în relația cu soția mea. Nu o să pretind că sunt capabil de aceleași performanțe ca acum 30 de ani, dar viața mea sexuală este foarte satisfăcătoare."

Ce să mai spunem de Line, de 75 de ani, care afirmă că, „pe măsură ce înaintează în vârstă, viața ei sexuală e minunată". Are un partener nou, de 66 de ani, cu care are orgasme extraordinare[1]", confirmând astfel dovezile aduse de sexoterapeutul Alain Héril[2]. Mathilde, de 68 de ani, are orgasme repetate și se descoperă a fi o femeie-fântână. „Pentru prima oară în viața sa (acum, la mai mult de 60 de ani), îi tresaltă inima, simte forța devastatoare a dorinței care o copleșește de dimineața până seara și se bucură descoperind trăiri adolescentine." Rosemonde, de 70 de ani, spune că „se află la paroxismul dorinței" și că se simte foarte bine. Asta nu înseamnă că nu a mai avut astfel de trăiri înainte, dar ceea ce descoperă alături de cel de-al doilea soț este „surprinzător și magic". „Nu este vorba de o trăire mai intensă, spune ea, ci de ceva *mai deschis, în continuă expansiune*[3]."

Alain Héril mărturisește că se emoționează profund în fața acestor femei ce îi povestesc clipele minunate prin care trec, clipe care le fac să plângă de bucurie și pe care nu le-au trăit niciodată până acum și pe care nu sperau să le cunoască. „În acele momente, sexualitatea este investită cu o *energie concentrată exclusiv pe bucuria plăcerii...* Rezultatul este simplu și solar căci partenerii nu trebuie să-și dovedească nimic unul altuia[4]."

Totuși, remarcă Brigitte Lahaie, acestea sunt mărturisirile unor femei care au fost foarte active sexual în tinerețe. Aceste femei se simt bine în corpul lor, au o identitate feminină bine conturată. Au făcut întotdeauna sex cu plăcere și au

---

[1] *Ibid.*, p. 141. (*n. a.*)
[2] Alain Héril, *Femme épanouie, les âges sexuels de la femme* („Vârstele sexuale ale femeii"), Payot, 2012, p. 97. (*n. a.*)
[3] *Ibid.*, p. 99, *sublinierea noastră*. (*n. a.*)
[4] *Ibid.*, p. 99, *sublinierea noastră*. (*n. a.*)

învăţat să se bucure de orgasmele lor. Sunt mânate de curiozitate, de un impuls sigur şi hotărât care le îndeamnă să exploreze teritorii noi. Nu toată lumea este capabilă de aşa ceva. Întrebarea care se pune este de ce unele femei sunt în stare să pornească în această călătorie exploratorie şi altele nu?"

Unde sunt plasate barierele?

În săptămânile care au urmat, am încercat să înţeleg ce stă în calea împlinirii trupeşti odată cu înaintarea în vârstă.

Pentru a face dragoste este nevoie de doi. Multe femei trecute de 60 de ani sunt singure, ca urmare a divorţului sau a decesului partenerului. Nimeni nu mai poartă astăzi o eşarfă neagră în jurul gâtului, pe care să pară a scrie „nu mai sărut", aşa cum purtau bunicile noastre, dar multe femei se comportă ca şi când ar purta. Lăsându-le la o parte pe cele care nu sunt interesate deloc de bărbaţi şi care se simt chiar uşurate că nu mai trebuie să facă dragoste, care consideră „această gimnastică prea complicată" şi sunt foarte mulţumite să încheie acest capitol al vieţii lor, rămân cele în care dorinţa nu a murit cu totul şi cărora le-ar plăcea, în forul lor interior, să întâlnească măcar un amant, dacă nu un partener de viaţă. Cu toate acestea, le este greu să întâlnească pe cineva. Cum se poate trece peste singurătate?

Toţi psihanaliştii afirmă că în realitate, aceste femei, oricât de manifestă ar fi această dorinţă a lor, nu sunt pregătite pentru o nouă viaţă sexuală.

De aceea, acest timp al solitudinii, pe care îl ating multe persoane în jurul vârstei de 60 de ani, este un timp al maturizării. Este o ocazie de a învăța să te armonizezi cu tine însuți, să îți fii companion de nădejde. Este un moment propice pentru edificarea propriei autonomii, pentru identificarea a ce vrei să trăiești, să iubești și a ceea ce contează.

Cabinetele sexologilor sunt pline de sexagenari care doresc să devină „sexigenari". Ai crede că au căzut victime publicității aberante a mass-media referitoare la împlinirea sexuală și că, simțind că îmbătrânesc, vor să cunoască această stare înainte de a se ramoli definitiv. De fapt, demersul lor este mult mai subtil: acești oameni fac parte din generația babyboom, care a dat momentul „Mai 1968" și care a trăit o pseudoeliberare sexuală. Am spus *pseudo-* pentru că libertatea de a vorbi despre sex nu a însemnat automat și accesul la adevărata libertate erotică pentru femei. Această generație își dă seama azi, în pragul *tinereții bătrâneții* sale, că e posibil să fi trecut pe lângă esența bucuriei erotice, că latura erotică este una esențială pentru o persoană, că are un „aspect magic", că este izvor de bucurie și de echilibru. Femeile din generația mea au neglijat, multe dintre ele, acest aspect în timpul tinereții lor, iar acum intuiesc că există un mod spiritual de a-și retrăi întâlnirea, armonia carnală cu celălalt și își doresc să facă acest lucru în ultimii ani ai vieții lor.

Au înțeles, în sfârșit, că o modelare a sinelui, a dorințelor și a identității lor de femei ajunse în pragul bătrâneții este absolut necesar.

Cum arată ele privite din punct de vedere sexual? Povestea fiecărei femei ascunde toate enigmele, precum și dezlegarea lor, și acesta este primul lucru pe care un sexolog vrea să-l descopere. A fost abuzată sexual? Violată? Un număr impresionant de femei au fost victime ale abuzurilor în timpul copilăriei lor, și această formă de violență a lăsat urme profunde. Este nevoie de foarte multă putere și voință pentru a depăși groaza și dezgustul față de bărbați pe care aceste abuzuri le lasă.

Sau poate a trăit într-un „război al sexelor", în care bărbatul este privit ca un prădător, un obsedat sexual, un ticălos „care nu se gândește decât la asta"? Această imagine este moștenirea pe care o lasă un tată sau o mamă ce vorbește despre bărbați în general în acest fel. Sau poate a avut norocul să fie atrasă încă de la începutul vieții sale sexuale de bărbați, să descopere în ei ființe blânde, fragile, tandre, pe care să le protejeze sau să le seducă?

Răspunsurile trebuie căutate și în tabuurile legate de educație și de religie, care au un rol important, mai ales în felul în care femeile își trăiesc nuditatea. De asemenea, trebuie analizată imaginea intuitivă pe care femeile o au despre sexualitatea mamei lor. Știm astăzi cât de important este rolul mamei care, inconștient, poate interzice sau valida capacitatea de mai târziu a fiicei lor de a se bucura de orgasm. Fetele, femeile de mai târziu, își pot construi personalitatea prin aderare la presupusa împlinire sexuală a mamei sau, dimpotrivă, prin respingerea acesteia. Sau, deopotrivă, prin aderarea sau refuzul neîmplinirii sexuale a mamei lor. Tabuul referitor la sexualitate a fost distrus acum 40 de ani; cu toate acestea, majoritatea sexagenarilor sunt încă dependenți, inconștient, de sexualitatea femeilor din familiile din care provin.

Există o vârstă la care nu este prea târziu pentru o curățenie generală în viața personală, pentru eliberarea de povara trecutului. Personal, cred că vârsta de 60 de ani este un moment bun pentru a se achita de această sarcină. Sunt și astăzi uimită de schimbarea prin care trec femeile ce au curajul să întreprindă acest demers. O psihoterapie, chiar și de scurtă durată, ajută la înlăturarea stâncilor care stau în calea fluviului numit dorință. Și, credeți-mă, rezultatul merită orice efort.

Odată eliberați de povara trecutului, sunt oare acești oameni pregătiți pentru revoluția narcisistă necesară libertății erotice de la această vârstă?

Îmi amintesc de reacția unei femei de 70 de ani care, în timpul unuia dintre seminarele mele despre arta de a îmbătrâni frumos, a exclamat: „Nu văd nimic sexy sau atrăgător din punct de vedere fizic în ridurile și pieile care ne atârnă pe tot corpul. Și care sunt din ce în ce mai lăsate pe măsură ce îmbătrânim. Nu cred deloc în aceste dulcegării care caută să ne convingă că „e din ce în ce mai bine". Să fim realiști și să acceptăm că ceea ce ne oferea plăcere la 40, 50, chiar și la 60 de ani s-a dus și că sexul acum înseamnă doar amintiri plăcute. Să îmbătrânești nu este deloc excitant!"

Sunt atâtea femei care, privindu-se în oglindă și văzând transformările chipului lor, devin atât de lipsite de stimă de sine! Găsesc că sunt urâte și că niciun bărbat nu poate fi atras de ele. Sunt robite de acea voce interioară care le șoptește neîncetat că nu mai sunt atrăgătoare și, dacă li se întâmplă să întâlnească pe cineva, aceste femei se analizează și se închid în ele, în loc să se lase în voia sentimentelor.

Woody Allen definea revoluția narcisistă astfel: „Nu mă mai privesc deloc în oglindă pentru că este deprimant; privesc doar înlăuntrul meu pentru că acolo sunt mereu tânăr." Acest lucru este valabil și pentru femei, desigur! Este vorba de ignorarea „corpului pe care îl ai", cel pe care îl vezi în oglindă, și de conștientizarea „corpului care ești", a corpului însuflețit, pe care îl simți. „Nu prea îmi mai pasă de cum arăt – îmi spune o amică de vârsta mea –, mă simt bine în pielea mea." Această femeie caută să se simtă confortabil cu ea însăși, să își inducă o stare de bine. A înțeles că modificările pe care le suferă trupul nu au nimic de-a face cu forța dorinței sale și că este mult mai important să fii binedispus decât să-ți numeri ridurile. Tinerețea minții se reflectă în alură, atitudine, precum și în modul de a reacționa într-o relație intimă. Ca orice femeie care se simte tânără în interior, prietena mea se îngrijește pe sine, se îmbracă cu mare atenție, se parfumează, își menține silueta prin înot și yoga, pe scurt încearcă să-și construiască o imagine plăcută. Pentru acest lucru nu este neapărată nevoie de chirurgie estetică. În cartea sa *La Jouissance* („Orgasmul"), Jean-Luc Nancy scria: „O femeie este frumoasă atunci când se știe dorită." La asta, eu aș adăuga: și este dorită atunci când este atrăgătoare. Trebuie însă să subliniez faptul că obsesia și regretul pentru felul în care arătam când eram tinere nu sunt de niciun folos în realizarea acestei revoluții narcisiste.

A doua adolescență

Boomul sexualității seniorilor

Peste tot citim despre „boomul sexualității seniorilor", fenomen care pare să exercite o fascinație deosebită asupra jurnaliștilor între 35 și 50 de ani, dat fiind că este vorba de sexualitatea generației părinților lor, părinți care au niște trăiri ce nu se aseamănă deloc cu ceea ce trăiau propriii lor părinți la aceeași vârstă. Suntem martorii unei schimbări determinate de progresele înregistrate de medicină, de evoluția mentalităților, de locul pe care îl ocupă plăcerea în viața noastră, de dorința de a rămâne tineri cât mai mult timp posibil.

Generația *baby-boom*, cea care a eliberat sexualitatea de tabuuri, a instituit contracepția și a legalizat avortul, nu ezită să divorțeze la 60 de ani și să se reorienteze către alt partener pentru o viață afectivă și sexuală mai bună decât cea de până atunci[1]. Suntem însă în fața unei generații fragile, extrem de

---
[1] Numărul de divorțuri între persoane trecute de 60 de ani s-a dublat în ultimii 20 de ani și un sfert din numărul persoanelor între 54 și 64 de ani trăiește separat. Conform unui studiu realizat acum 10 ani (în Muntenegru, în 2004), 54% dintre bărbații și 57% dintre femeile care s-au recăsătorit afirmă că au o viață sexuală reușită. Este foarte probabil ca astăzi, la zece ani de la realizarea acestui studiu, procentele să fie și mai ridicate. (*n. a.*)

dependente de criteriile şi de ideea de tinereţe promovate de societatea modernă şi, în fond, nu atât de liberă pe cât s-ar crede. Promovarea sexualităţii la toate nivelurile de către media a dus la promovarea de norme pe care este dificil să le ignori. Să te bucuri de sex este aproape o obligaţie. Acest „drept la orgasm şi la satisfacere" este sinonim cu dorinţa de longevitate şi de îmbătrânire reuşite[1].

„Anii din urmă au adus cu ei fantasme accesibile prin filmografia pornografică. Există bărbaţi pensionari care petrec uneori zile întregi în faţa computerelor, vizionând filme şi masturbându-se până noaptea târziu", îmi spune sexologul François Parpaix. „Nici femeile nu sunt mai prejos. Altădată s-ar fi plictisit, acum stau toată ziua pe chat. În acest mod, fiecare simte că trăieşte şi că are o viaţă afectivă, dar, în cele din urmă, aceste plăceri individuale, independente de celălalt, această lipsă de intimitate în cuplu duc, de cele mai multe ori, la separare. Dar pentru că bărbaţilor nu le place să trăiască singuri, iar femeile visează să întâlnească marea dragoste, ei se lansează curând în căutări pe site-urile matrimoniale. Odată introduşi în această lume, îşi dau seama că le este greu să reînceapă viaţa sexuală. Şi atunci bărbaţii vin la sexolog pentru mica pilulă albastră, iar femeile, pentru un gel lubrifiant". Dincolo de această problemă fiziologică se ascunde, de fapt, o alta, mult mai serioasă. Aceşti oameni se văd puşi în faţa unei situaţii pe care o credeau dispărută din viaţă lor. Uneori par să creadă că au fost nişte amanţi extrem

---

[1] Iată o estimare: pentru un bărbat care întreţine raporturi sexuale de două ori pe săptămână, după vârsta de 60 de ani, speranţa de viaţă creşte cu 50%, putând astfel să câştige zece ani de viaţă. (*n. a.*)

de nepricepuți, că nu au avut cine știe ce experiențe și vor să le descopere acum, înainte de a fi prea târziu.

În realitate, ei vor să învețe din nou totul și de aceea zbenguielile amoroase ale sexagenarilor ne fac să ne gândim la o „a doua adolescență".

François Parpaix îi numește cu afecțiune și umor „analfabeți sexuali" deoarece aceste persoane profită de elanul lor amoros ca să citească sau să vadă un anumit tip de cărți ori de filme împreună: în acest fel, trupurile lor reacționează, și ei se simt dintr-odată întineriți.

Aceste situații sunt, de fapt, adevărate capcane în care acești oameni riscă să cadă dacă trupul lor nu se ridică la înălțimea așteptărilor, dar pot constitui și bune ocazii de a reinventa o nouă sexualitate și chiar de a pune bazele unei a doua vieți sexuale. Pentru aceasta, ei trebuie să spună adio sexualității cunoscute anterior, pentru a se deschide celui de-al doilea tip de sexualitate, acea *sexualitate altfel* despre care vorbeam la începutul acestei cărți – o sexualitate bazată pe relaționare, mai senzuală și mai tandră.

„Adolescentizarea" trupurilor și a inimilor

Această a doua adolescență are un preț: destrămarea cuplului.

L-am ascultat de curând pe filozoful Yann Dall'Aglio[1] la festivalul de la Cabourg, „Un alt fel de a iubi".

---

[1] Yann Dall'Aglio, *Jt'm, l'amour est-il has been?* („Te iubesc! Dragostea – un concept desuet?"), Flammarion, 2012. (*n. a.*)

Autorul este preocupat de evoluția felului nostru de a iubi. În prezent, ne dorim să trăim dragostea în interiorul cuplului, dar constatăm că acest lucru nu funcționează prea bine, căci ignorăm că ceea ce asigura trăinicia cuplurilor de odinioară nu era dragostea, ci datoria și obligația. Astăzi „ne dorim să descoperim prin căsătorie trăirile afective pe care odinioară doar distanța și interdicția le provocau[1]", spune el. Acest lucru duce la „ruperea legăturilor" și la destrămarea cuplurilor. Ne aruncăm într-o aventură romantică pasională, dominată de normele și cerințele consumeriste: eficacitate, performanță, satisfacerea plăcerii cu orice preț.

Rubricile „Love and sex" („Dragoste și sex") din reviste vorbesc despre „asumarea dificultăților și despre tehnici de urmat", dar scopul lor nu este acela de „a oferi dragostei o aparență umană [...] sau de a transfigura pasiunea în tandrețe, prietenie sau zâmbete complice...", spune Yann, ci de a promova „partide acrobatice kamasutrice, garderobe și cadouri, regimuri și ședințe de înfrumusețare, reînvierea pasiunii pierdute, *„adolescentizarea" inimilor și a trupurilor*... Văzându-i pe acești bărbați și pe aceste femei obosiți, vlăguiți, cu trupurile brăzdate, atât la propriu, cât și la figurat, de urmele unuia sau ale mai multor divorțuri și nașteri, cum își pierd suflul pe covorașele sălilor de fitness, cum își ung trupurile cu fel și fel de creme, cum arborează un surâs strâmb și chinuit; auzindu-i că sunt pentru a treia, a patra, a n-a oară în căutarea „marii iubiri", nu îți vine să-ți crezi ochilor și urechilor[2]".

---

[1] *Ibid.*, p. 69. (*n. a.*)
[2] *Ibid.*, p. 70. (*n. a.*)

Un alt martor al efectelor devastatoare pe care le au emisiunile despre dragoste sau cele care promovează faptul că trebuie să fim fericiți, îndrăgostiți, atrăgători asupra unei generații care s-a bazat pe cultul personal este psihanalistul Jean-Michel Hirt[1]. Pretindem prea mult de la o relație conjugală: armonie deplină, satisfacere reciprocă, fidelitate și ajungem să ne dăm seama că este foarte greu să ne rupem de aceste stereotipii.

Fantasma iubirii ideale

„Miturile lui Făt-Frumos și cel al sufletului pereche s-au fixat de minune în inconștientul nostru", scrie Alain Héril într-o conversație de pe site-ul Psychologies.com. Aceste mituri îi ating acum și pe sexagenari. Chiar dacă nu sunt foarte numeroși (mai puțin de 10%) cei care se înscriu pe site-urile de întâlniri, toți speră să găsească marea dragoste.

Unii, foarte puțini, chiar reușesc acest lucru. Găsesc acul în carul cu fân. Alții sunt decepționați și sfârșesc prin a părăsi definitiv site-ul.

Am invitat la mine acasă un grup mic de femei singure, înscrise pe site-ul Attractive World, „site-ul celibatarelor exigente". Le-am rugat să vorbească despre experiențele lor. Au evocat mai întâi emoțiile de dinainte de înscrierea pe site: teama că se expun unui risc – dacă vom întâlni „un sucit" sau „un pervers"?; rușinea – „Ce m-a apucat să mă vând pe

---

[1] *Psychologies Magazine*, februarie 2012. (*n. a.*)

internet?", „Este înfiorător!", „Nu am nevoie de asta!". Am vorbit apoi despre curajul de care ai nevoie pentru a te expune, pentru a recunoaște că ai nevoie de dragoste și că nu suporți să fii singură. Exercițiul de redactare a profilului este o experiență în sine, care te obligă să stai față în față cu tine însăți și să te descrii cu obiectivitate. Este o datorie de conștiință. Când totul s-a terminat, am râs împreună. Flo92, fostă jurnalistă cunoscută, în vârstă de 69 de ani acum, ne povestește cum a decurs prima sa întâlnire cu un patron de ziar pensionar. S-au recunoscut și au izbucnit în râs. Ce făceau și unul, și celălalt pe acest site? Și-au mărturisit că erau așa de cunoscuți lumii, astfel încât notorietatea lor devenise un obstacol pentru viața lor personală. Pe lângă asta, în jurul lor erau numai cupluri bine sudate. Punându-și o mască, aveau mai multe șanse să întâlnească oameni singuri. Pimprenelle, 62 de ani, farmacistă, cu un surâs drăguț pe un chip rotund, se plânge că toată lumea trișează. Se pare că, spune ea, bărbații analizează profilul celorlalți și fac un „copy-paste". Pe scurt, toate profilurile seamănă: „bărbații nu fumează sau fumează ocazional, fac sport de trei ori pe săptămână, toți au studii superioare, nu beau decât două pahare de vin roșu bun, le place să călătorească în Italia sau în Asia, postează fotografii în care au cu zece ani mai puțin și spun că nu au renunțat să spere că vor întâlni iubirea vieții lor. Toți caută o femeie frumoasă și inteligentă." Da, confirmă Jaimelavie (65 de ani), „toate profilurile sunt ideale, deci mincinoase". Realitatea este cu totul alta. Când a început să schimbe mesaje, intențiile celorlalți erau adesea agresive. Unul dintre bărbații căruia i-a lăsat o cerere de chat a întrebat-o „cum îndrăznea să se înscrie pe un site de întâlniri când arăta așa!". Acest lucru a marcat-o. Atunci și-a schimbat poza profilului cu una făcută în urmă cu zece ani. I-am spus că, după părerea mea, a riscat. Mi-a răspuns că nu, dimpotrivă, un bărbat a invitat-o la o cafea, dar când l-a văzut a avut un șoc. El însuși afișase o fotografie făcută în urmă cu zece ani în Egipt, în care arăta un chip viril, bronzat care i-a plăcut foarte mult. În realitate, avea cu zece kilograme mai puțin și părea foarte bătrân. Avea o bluză uzată și arăta rău. Și-a plătit cafeaua și a plecat. A întâlnit apoi un bărbat dintr-un oraș din nordul Franței ce căuta o femeie deșteaptă și cu o pensie bună. Cel puțin, motivația era clară. Ea i-a propus să iasă la operă. El și-a luat o cameră la hotel și au petrecut un weekend împreună, dar fără să se întâmple ceva între ei. El a încercat vag să o sărute, dar ea s-a arătat foarte rece. „Vă dați seama, nu m-am mai culcat cu cineva de șapte ani!". Este rândul lui Josie (70 de ani) care confirmă că „toți tipii nu au decât un singur lucru în cap, să te sărute". Ea a încercat să intre în legătură cu bărbați de vârsta sa, septuagenari, dar toți căutau o femeie mai tânără. Până într-o zi când Cestbienmoi a contactat-o. Spunea că are 69 de ani, dar în realitate avea 75. Îl părăsise soția și nu suporta să fie singur. Timp de cincisprezece zile au schimbat mesaje, apoi au vorbit la telefon. Avea o voce tânără și veselă. Asta a convins-o. Au decis să ia prânzul împreună. A fost drăguț și generos. Avea nevoie mai degrabă de companie, de cineva cu care „să petreacă serile lângă foc, să facă conversație, să împărtășească momente de tandrețe". Josie și-a spus că nu are de ce să ezite. Cele șase luni pe care le petrecuse pe site-ul de întâlniri o făcuseră să fie rezervată. Acum se întâlneşte din când în când cu Cestbienmoi de care o leagă o prietenie călduţă, care îi convine. Angelina (64 de ani), o brunetă foarte frumoasă, mărturiseşte că a declarat pe site că are 58 de ani. Şi-a schimbat profilul de două ori, deoarece, în ciuda fotografiei drăguţe pe care o pusese, primise foarte puţine vizite. O prietenă a convins-o să spună că este mai tânără decât în realitate, mai ales că fizicul o ajuta. Efectul a fost instantaneu: a primit zeci de mesaje. A „ţintit" către unul dintre vizitatori pentru că spunea că face yoga. Ea scrisese că îşi doreşte „să întâlnească pe cineva care are o dimensiune spirituală". A fost dragoste la prima vedere. Mi-a spus chiar că în seara primei întâlniri şi-a dorit să vină la mine „să le încurajeze pe prietenele ei". Iată deci că sunt posibile şi întâlniri fericite! Eglantine, în vârstă de 70 de ani, spune că doreşte să părăsească site-ul. Cei doi ani pe care i-a petrecut aici în căutarea sufletului-pereche nu au făcut-o decât să „ţină doliu după o întâlnire". Totuşi, mărturiseşte că timpul petrecut aici a făcut-o mai lucidă şi mai înţeleaptă. Crede că viaţa ei solitară nu este chiar atât de rea. Iar dacă „întâmplarea va bate la uşa ei, o va găsi deschisă!".

O colecţie de amanţi

Florence, în vârstă de 69 de ani, îmi povesteşte experienţa ei. A divorţat de două ori, iar de cinci ani trăieşte singură. Nu a avut niciodată o viaţă atât de plină ca acum, de când este la pensie: copii, nepoţi, voluntariat, un club de femei. A avut câteva aventuri fără urmări, a legat câteva prietenii frumoase, dar sufletul-pereche pe care ar fi dorit să-l întâlnească se lasă încă așteptat. S-a obișnuit cu singurătatea și nu caută un bărbat cu care să trăiască, ci un partener de calitate: un bărbat sufletist cu care să poată petrece un weekend sau să călătorească. Și, de ce nu, poate chiar un amant? Se întreabă de ce nu a găsit atâta vreme ceea ce caută. Este prea ocupată, prea exigentă? Are un standard prea ridicat? Unul dintre prietenii ei, de profesie psihanalist, i-a spus într-o zi că femeile ca ea, care și-au admirat foarte mult tatăl, nu vor găsi niciodată un bărbat pe măsura așteptărilor lor!

Una dintre prietenele ei a convins-o să se înscrie pe un site de întâlniri. S-a opus multă vreme spunându-și că nu merita, dar în cele din urmă a cedat ca să vadă cum este! S-a dedicat apoi acelui exercițiu care înseamnă „redactarea profilului". A trebuit să se prezinte și să spună ce caută. I s-a părut un exercițiu de o oarecare brutalitate, fiindcă reduce, într-o oarecare măsură, femeia la calitatea de obiect al dorinței altcuiva, obiect pe care bărbații îl vor privi așa cum privești un produs pe un raft de magazin. La rândul său, a făcut același lucru. Florence a redactat un profil complet, foarte onest, la care a adăugat niște fotografii drăguțe, făcute recent, în care se disting clar simpaticul său surâs, dar și frumoasele sale riduri. Printre ele, a ales una în care este îmbrăcată doar în costum de baie, întinsă pe un șezlong, ca să se vadă că trupul ei nu arată chiar așa de rău. Primul bărbat care a contactat-o i-a lăsat următorul mesaj: „Sunteți cea mai sexy dintre femeile sexy de pe site". „Nici nu știe ce bine m-a făcut să mă simt acest mesaj", povestește ea.

La întrebarea „Ce aștepți de la acest site?", a răspuns: „Caut *triplul A*: atractivitate, afecțiune, admirație". A mai spus acolo că detestă bărbații zgârciți și pesimiști, dar că îi place să facă dragoste.

Împreună cu prietena sa, citea în fiecare seară mesajele și vizita profilurile bărbaților ale căror fotografii le plăceau. Priveau pozele amuzându-se, criticând, comentând, evaluând: „Oh, ce față drăguță are ăsta! Ăsta e prea trist... Ia uite cum e îmbrăcat! Și ce idee să te fotografiezi în fața unei bărci, sau lângă lacul Inlee, sau în costum de schi, sau pe un teren de golf!". După câteva zile, au decis să răspundă câtorva mesaje. Florence s-a orientat către un bărbat cu figură virilă, bronzat, de aproximativ aceeași vârstă ca ea. Avea ceva senzual pe față ce o atrăgea. Ea i-a scris un mesaj în care i-a mărturisit acest lucru, el a răspuns imediat și i-a propus să iasă împreună la o cafea la Editori, aproape de Odéon, mărturisindu-i că nu mai întâlnise nicio femeie pe acest site care să îndrăznească să spună atât de deschis că îi place să facă dragoste. Îl intrigase și de aceea voia să o cunoască.

Într-adevăr, era un bărbat frumos, și atracția dintre ei a devenit evidentă de la prima întâlnire. Ea l-a invitat la casa ei din Normandia și au făcut dragoste ca doi nebuni. L-a supranumit „profesorul ei de dragoste" pentru că știa foarte bine cum să se poarte și cum să ofere plăcere unei femei. De aceea se simțea mai tânără cu zece ani. Au mers la Veneția, la schi în Alpi, au petrecut un weekend amoros la La Rochelle. În intimitate lucrurile mergeau foarte bine, dar în alte privințe s-au dovedit a fi complicate. El făcea parte dintr-o lume diferită, nu avea prea mulți bani, calcula totul și ea nu suporta asta. Mai mult, avea obiceiul să stea ore întregi în fața televizorului și pe ea o înnebunea acest lucru. Uneori se întrista din senin și nu era o companie prea plăcută. Pe scurt, după două luni, Florence s-a trezit din frumosul ei vis; și-a dat seama că nu erau făcuți unul pentru celălalt și că apartenența la același mediu, dar și gusturile comune sunt totuși foarte importante. S-a întrebat chiar cum a putut să se implice trup și suflet într-o aventură atât de imatură. „Trup și suflet" este formularea cea mai potrivită! Avea atâta nevoie să se simtă din nou femeie, iar acest bărbat avea marea calitate că era un amant desăvârșit! Au continuat să facă dragoste timp de încă două luni, până când, mai matur și conștient că relația lor nu ducea nicăieri, acesta a părăsit-o brusc. Reacția lui i s-a părut foarte puțin elegantă, de om prost-crescut, mai ales că, plecând, a luat cu el și o sticlă de șampanie. Această relație avea să o descurajeze în căutările sale romantice? Se spune că după ce cazi de pe cal trebuie să te ridici din nou în șa. La fel și ea, după această aventură cu final straniu, s-a reîntors pe site, în căutare de noi întâlniri. Letendre își merita pseudonimul. Îi plăcea felul în care o acoperea de sărutări și îi vorbea de operele de artă pe care le expunea în galeria lui. Deși mai tânăr decât ea cu cinci ani, avea un fel înțelept de a fi – a fost primul care i-a atras atenția că, mărturisind în profilul ei de pe site că îi place să facă dragoste, se poate expune unor pericole! Că ar trebui să îi lase pe bărbați să descopere singuri acest lucru! La sugestia lui, Florence și-a modificat profilul. Alsacien, fost patron al unui magazin alimentar, a sedus-o pentru că părea sigur pe el, lucru pe care ea îl adoră la bărbați. Într-un weekend, au plecat împreună la Istanbul, dar, spre marea ei surpriză, Alsacien nici nu a atins-o, deși dormeau în același pat! I-a mărturisit că avea nevoie de timp, timp pe care ea i l-ar fi acordat dacă nu s-ar fi dovedit grosolan, negativist, întruna nemulțumit. Dar ea nu a suportat acest fel de a fi, și lucrurile s-au oprit aici. Apoi l-a cunoscut pe Titan, un omuleț care făcea față cu brio pseudonimului. Puțin mai în vârsta decât ea, nu era frumos, dar atingerea lui a fermecat-o. Era foarte tandru și ei îi făcea plăcere să se ghemuiască în brațele lui. Povestea lor nu a durat foarte mult pentru că el dorea să se mute în sud-estul Franței; pe lângă asta, Florence a descoperit că avea o fostă iubită cu care relația nu se încheiase definitiv.

Florence a avut deci o „colecție" de amanți. Ar putea să continue mult și bine în acest ritm, pentru că este o femeie foarte frumoasă, senzuală și feminină, care în mod evident le place bărbaților. Dar această căutare nesfârșită a bărbatului ideal o epuizează. „Categoric, întâlnirea sufletului pereche nu se poate face în acest ritm care te consumă afectiv. Am învățat multe despre mine, despre corpul meu, despre neplăcerile și complicațiile sexuale și afective ale bărbaților și femeilor de vârsta mea, care sunt singuri; am învățat multe despre căutarea aceasta fără sfârșit a dragostei. Am ajuns la convingerea că cele mai reușite întâlniri sunt rodul întâmplării, că au loc atunci când ești pregătit să se producă. Am înțeles că este mai important să-ți dezvolți predispoziția de a trăi în intimitate cu oamenii pe care îi iubești și care contează pentru tine decât să-ți pierzi timpul în căutarea unui partener pe care nu poți fi sigură că-l vei găsi." În cele din urmă a decis să reia o legătură mai veche cu un bărbat, din nefericire, însurat, dar cu care se simte bine, și care găsește din când în când timp să iasă cu ea. La urma urmei, spune ea, este mai bine să fii singur decât într-o companie dezagreabilă.

Tentația legăturilor paralele

Iată acum povestea întâlnirii Marcelei, de 67 de ani, cu un bărbat cu zece ani mai tânăr, întâlnire absolut imatură, după cum afirmă chiar ea.

I-am dat acest pseudonim, Marcela, pentru că relația ei cu Christian a căpătat o turnură anume după ce a citit un interviu al Marcellei Iacub[1] în ziarul *Libération*[2]. Divorțată de șapte ani, mamă a doi copii și bunică, Marcela este jurnalistă, feministă, preocupată de dezvoltarea durabilă și de alter-globalizare.[3] Trăiește singură, a avut câteva legături pasagere, dar viața ei sexuală era aproape inexistentă până când s-a îndrăgostit de un bărbat de 50 de ani pe care l-a cunoscut la conferința „Dialogue en humanité" („Dialogul umanității"), care are loc în fiecare an la Lyon.

Ceva s-a petrecut între ei „la prima vedere", spune ea. Christian era un bărbat frumos, senzual, cu privirea blândă. În pauze au vorbit despre motivele care i-au adus la Lyon. Au schimbat adresele de e-mail și numerele de telefon și

---

[1] *Marcella Iacub* este scriitoare, jurnalistă și juristă de origine argentiniană, precum și cercetătoare, specialistă în bioetică. (*n. red.*)

[2] *Libération*, 9-10 august 2014. (*n. a.*)

[3] *Alter-globalizare* sau *alter-mondializare* – termeni care desemnează un curent civic ce acceptă cooperarea globală, dar nu și efectele economice ale acesteia. (*n. red.*)

s-au despărțit, ea rămânând foarte tulburată după această întâlnire. I-a scris imediat ce a ajuns la Paris și i-a mărturisit că ar dori să-l întâlnească din nou. El îi împărtășea dorința. Au stabilit să se întâlnească la un prânz în următoarea săptămână și și-au mărturisit că sunt atrași unul de celălalt. Dar era vară, fiecare avea planuri pentru vacanță. Iar Marcela revine cu picioarele pe pământ – Christian este căsătorit și este, în mod evident, foarte atașat de familia lui. Dar pentru că principiile morale nu sunt neapărat un tabu pentru ei, decid să reia corespondența la sfârșitul verii. Aflat în vacanță cu soția și copiii în Bretania, Christian îi scrie Marcelei un mesaj lung în care îi spune că „viața este prea scurtă pentru a trece pe lângă ceea ce îi dă forță și savoare". Și el simte că ea are un „rol esențial" aici. Ce rol, nu știe să spună, dar speră că „vor ști să-l inventeze împreună". Ea îi răspunde că este gata, dar îl întreabă cum vede el lucrurile. În acest moment, primește de la acesta un text referitor la prietenia erotică. Bărbatul este direct: îi spune că este atras de ea, dar pentru că este căsătorit și are copii care au încă nevoie de el, nu se pot bucura de „o relație de dragoste totală"; de aceea, îi propune o relație tandră, chiar erotică, fără obligații. Marcela îi răspunde că este prea senzuală și carnală pentru a se mulțumi cu o relație de dragoste neserioasă. Ea se cunoaște bine și știe că, odată angajată într-o relație, se implică și se dăruiește total și că ar fi mai bine ca relația lor să se oprească în acest moment. Deși, mărturisește ea, este dispusă să riște pentru acest dar venit din cer. Oare acest răspuns direct l-a aprins pe Christian? Tonul mesajelor sale nocturne, trimise către trei-patru dimineața, cuprins de insomnii probabil, devine plin de erotism, de şoapte de dragoste. Scrisorile arată un Christian îndrăgostit, care o mângâie, o îmbrăţişează, are nevoie de atingerea pielii ei şi să o simtă vibrând. Apoi îi trimite poeme şi mesaje de dragoste aprinsă. Marcela îşi aminteşte că, în momentul în care le-a primit, şi-a spus că sunt mesajele unui bărbat ce, cu siguranţă, nu mai face dragoste cu soţia lui. Ea se simte tulburată, excitată, dar o voce interioară îi spune să nu se agite prea tare. Cel mai bine e să treacă la fapte cât mai curând. „Te aştept, te doresc", îi scrie ea. În plină vară, au găsit timp să se vadă, astfel încât relaţia lor virtuală a devenit concretă, carnală. Cele trei zile pe care le-au petrecut făcând dragoste nu au decepţionat-o, au fost chiar încântătoare. Christian, care mărturiseşte că este iniţiat în meditaţiile tantra, are categoric o mare experienţă erotică. Au descoperit plăcerea lent, cu tandreţe, aşa cum îi place ei. Să nu uităm că ea nu a mai făcut dragoste de mai bine de cinci ani. Se dăruieşte cu încredere şi se simte cu adevărat îndrăgostită. Păstrează şi acum o amintire plăcută acestei aventuri amoroase.

După ce s-au despărţit, Christian i-a trimis un SMS – se simte pierdut, sfâşiat, spune el. Îndrăgostit de Marcela, legat de soţia sa pe care nu se simte dispus să o părăsească, el se întreabă cum va face loc în viaţa sa legăturii lor amoroase. Îl cuprinde deodată teama de a nu-i face rău soţiei. „A întors pe toate feţele această problemă şi a încercat să vadă dacă există o altă cale în afară de acelea de a o părăsi pe soţia sa sau de a renunţa la a-şi împlini visul de dragoste alături de mine. Simţea, spunea el, că, deşi mă iubea pe mine, nu avea impresia că-şi iubeşte mai puţin soţia." În momentul în care primea această scrisoare, Marcela tocmai citea articolul din *Libération*: „Mai multe relații erotice simultan?", o pledoarie pentru multiplicitatea relațiilor de acest gen care „ar putea dura toată viața în paralel cu viața cuplului principal". Iacub avansează ideea că simultaneitatea relațiilor amoroase este singura metodă prin care cuplul continuă să supraviețuiască. Marcela îi propune lui Christian să înscrie relația lor la categoria *poliamor*[1]. La urma urmei, chiar el o lăsase să înțeleagă că nu e împotrivă. Vorbiseră, de altfel, îndelung despre acest mod de a trăi dragostea liber, fără exclusivitate, transparent și responsabil. Nu era vorba de „eu ori ea", ci de „eu și ea", deci despre un *inclusivism*[2] amoros ce presupunea o franciză asupra existenței persoanei din afara cuplului.

„I-am spus că sunt tipul de femeie liberă, nu genul care își sufocă amantul cerându-i să fie alături de ea tot timpul. Nu aveam nevoie în permanență de prezența lui. Eram gata să-l împart. Dar voiam să fiu alături de el și ca ceilalți să știe. Doream o recunoaștere socială a legăturii noastre. Știi, îmi spune ea privindu-mă în ochi, am mai trecut printr-o relație în care eram amanta ascunsă. Mă cunosc bine și știu că postura asta nu-mi convine. Nu îmi place ideea ca un bărbat care face parte din viața mea să mintă, să spună baliverne. Nu mi se pare demn de ceea ce-i ofer."

---

[1] *Poliamorul* este o mișcare fondată de Françoise Simpère în Quebec: persoanele căsătorite acceptă să trăiască relații de amor extraconjugale cu acordul și consimțământul tuturor persoanelor implicate. *Poliamorul* este obligatoriu consensual și răspunde unei anumite etici, fiind diferit de libertinaj sau de schimbism. (*n. a.*)

[2] Expresia îi aparține lui Vincent Cespedes, filozof și eseist francez. (*n. a.*)

Aşadar, Marcela i-a spus lui Christian că îi va respecta viaţa, că înţelege că şi alţii au nevoie de el şi de dragostea lui, că se poate adapta acestor constrângeri cu condiţia să se simtă tovarăşa lui în ochii celorlalţi. Pentru că îl ştia un bărbat evoluat, nonconformist, Marcela nu vedea de ce el nu şi-ar asuma deschis o legătură, care să conteze la fel de mult ca cea oficială. Christian a ascultat, dar nu a comentat.

„Am avut un al doilea weekend pasional, relaxant şi plin de senzualitate. A venit într-un loc unde eram cu nişte prieteni şi prezenţa lui aici a însemnat un pas înainte pentru relaţia noastră. Părea în largul lui şi am avut impresia că prietenii mei îl plăceau." Această a doua întâlnire a confirmat atracţia senzuală care se stabilise între ei. „A fost ceva atât de deosebit, încât toată săptămâna care a urmat am simţit întruna dorinţa de a cânta. Cred că niciodată nu am fost atât de mulţumită." Iată de ce Marcela a primit ca pe un pumnal în inimă mesajul lui Christian în care acesta îi vorbea din nou despre „sfâşierea interioară" şi în care îi spunea clar că nu vrea să o rănească pe soţia lui, povestindu-i despre relaţia lor. Îi propunea o prietenie erotică clandestină şi ascunsă, ca toate cele pe care le avusese înainte de a o întâlni pe ea. Marcela a reacţionat foarte rău, acuzându-l de laşitate. „Cum a putut să-mi trimită mesaje pasionale în plină noapte, la câţiva metri de patul în care dormea soţia lui, cum a putut să îşi strige pasiunea pentru mine şi să se replieze atât de repede?". Îmi dau seama că Marcela resimte încă din plin durerea. O simt trădată, într-un fel, de acest om care a lăsat impresia unui bărbat modern, liber de prejudecăţi, adept al poliamorului și care a sfârșit prin a reacționa ca un copil vinovat, prins asupra faptului, incapabil să-și asume ceva. „În ultimul său mesaj Christian mi-a spus că mersese să ceară sfatului unui psiholog și îmi cerea iertare că mă făcuse să sper la o relație pe care nu era capabil să și-o asume", îmi spuse în concluzie Marcela, a cărei tulburare este încă evidentă. A făcut bine că a fost atât de exigentă? Ascultând-o, îmi dau seama că această poveste cu prietenia erotică trăită în paralel cu cea a unui cuplu adevărat nu este atât de simplă și că poliamorul, pentru a fi trăit în deplină pace sufletească, necesită o autoeducare de care puține cupluri sunt capabile. Căci în aceste cazuri ai de-a face cu gelozia, cu dorința de posesie, cu teama de a nu-l răni pe celălalt, lucruri deloc de neglijat.

La urma urmei, este posibil ca unii dintre seniori să poată trăi un poliamor, dat fiind că au atins o anumită înțelepciune. În acest caz, mă gândesc la bărbații și la femeile care știu că soțul sau soția lor au o legătură stabilă, poate chiar intimă cu altcineva, și totuși închid ochii atâta vreme cât această legătură nu le afectează viața de cuplu!

După întâlnirea cu Marcela, am simțit nevoia să mă refugiez în lectura cărților lui Françoise Simpère[1]. Această abordare deschisă a monogamiei pe care o propune autoarea canadiană m-a intrigat. Într-un interviu recent[2], Simpère

---

[1] Françoise Simpère, *Il n'est jamais trop tard pour aimer plusieurs hommes* („Nu e niciodată prea târziu să iubești mai mulți bărbați"), La Martinière, 2003; *Ce qui trouble Lola?* („Ce o frământă pe Lola?"), Éditions Blanche, 2004. (*n. a.*)

[2] Interviu din 14 august 2014, pe site-ul Doctissimo. (*n. a.*)

arată că nu este decât un model de cuplu și că acest cuplu, monogam, nu este neapărat fericit. „Unul din trei cupluri se desparte sau divorțează, iar, în cele care rămân totuși împreună, partenerii ajung să se plictisească unul de celălalt." De ce nu am concilia trăinicia familiei (mai ales a aceleia în care există copii) cu nevoia de a avea în paralel legături amoroase? Françoise crede că e posibil și vorbește din experiență. „Auzim vorbindu-se mereu despre biodiversitate fără de care natura nu poate exista, de puterea de a ne schimba locul de muncă; în dragoste însă impunem monocultura care seacă și distruge sentimentele!". Desigur, citind aceste lucruri, ne spunem că biodiversitatea amoroasă a existat dintotdeauna, trăită în secret, așa cum și infidelitatea a existat dintotdeauna! Dar ceea ce diferențiază poliamorul de infidelitatea trăită în minciună și ipocrizie, și chiar de schimburile de parteneri sau de libertinaj, este faptul că acest tip de relație se trăiește deschis, dar fără exhibiționism. Fiecare partener al cuplului știe că celălalt are altă sau alte relații erotice, dar respectă aceste legături extraconjugale și nu caută să se amestece în ele. Fiecare își păzește grădina lui secretă. „Mi se pare normal ca omul pe care-l iubesc (și cu care am eventual și copii) să fie fericit cu mine, dar și cu altele. Pentru mine, să iubesc nu înseamnă să posed, ci să fiu atentă la nevoile celuilalt și să vreau ca el să fie, înainte de toate, fericit. Nu cer exclusivitate." Ceea ce caracterizează așadar acest mod de a trăi liber prieteniile și iubirile este faptul că nimeni nu încearcă să le ascundă. De asemenea, este vorba de respect față de intimitate și față de felul în care aceasta este trăită. Françoise

Simpère afirmă că ea însăşi are o relaţie de prietenie amoroasă cu un amic cu care nu a făcut dragoste decât de cinci ori în 25 de ani. Dar important este că se simte liberă să trăiască o relaţie aşa cum consideră ea, fără să aibă vreun sentiment de culpabilitate.

Cuplurile care sfidează timpul

Să părăsim acum teritoriul „adolescenților" pentru a ne ocupa de acele cupluri „mature" de sexagenari care au rezistat în ciuda trecerii timpului. De cei care au reușit să traverseze crizele și au rămas împreună. Este foarte adevărat că această continuitate a cuplului are ca efect adesea încetarea vieții sexuale. Atunci când cei doi trec de comun acord la „altceva", totul merge bine. Atunci când oamenii nu mai fac dragoste, dar sunt fericiți, nu este nicio problemă. În continuare, voi căuta să descopăr care sunt ingredientele fericirii conjugale care transcende timpul, fie că partenerii fac dragoste sau nu.

În fond, ce face ca un cuplu să fie cuplu? Ce sudează un cuplu?

Decizia de a fi fericit

Societatea are un fel uniform și restrictiv de a privi cuplurile în vârstă. Își imaginează că acești oameni care au îmbătrânit împreună abia se suportă, se plictisesc și nu mai au nimic în comun. Nimic mai greșit. Fie că formează un cuplu de multă vreme sau că „și-au refăcut viața" în jurul vârstei de 70 de ani, siguri pe experiența lor, acești oameni sunt mai atenți și mai puțin exigenți. Au învățat lecțiile pe care viața le-a oferit acestora. Unul dintre prietenii mei mi-a încredințat de curând secretul lui: „Am hotărât pur și simplu să fiu fericit." Nu a mers mereu totul foarte bine cu soția lui; sunt lucruri cu care nu sunt pe deplin de acord nici acum, dar pentru că întotdeauna a existat între ei dorință și dragoste, crede că decizia lui de a fi fericit a fost o bază suficient de puternică pentru ca relația dintre ei să se consolideze în totală încredere. Constat că are dreptate. Să-i arăți celuilalt că ești fericit cu el – că ai luat această decizie – dă naștere la încredere. Mi se va obiecta că nu poți decide să fii fericit, dar nu pot fi de acord. Filozoful Alain spunea: „Fiți fericiți, iată adevărata fericire". În loc să observăm tot ce nu merge cum ne-am dori, putem decide să vedem totul în roz. În loc să observăm defectele celui de lângă noi, putem decide să descoperim ce iubim la el. Este o decizie interioară pe care oricare dintre noi o poate lua într-o zi, la orice vârstă. În seminarele „Să îmbătrânim frumos" pe care le țin cu regularitate, pun adesea întrebarea: putem decide să îmbătrânim frumos? Răspunsul este da. Persoane cu vârste cuprinse între 80 și 100 de ani îmi răspund că iau această decizie în fiecare dimineață când se trezesc. Pe ce mă voi concentra azi? Pe dureri? Pe supărarea că fiii mei nu mă sună mai des? Sau pe bucuria că mă pot plimba în parc, că pot zări un zâmbet, că primesc un gest de prietenie de la una dintre colegele de cameră, că pot asculta o cantată de Bach?

Pentru cuplurile care au încă șansa de a fi împreună, acest „legământ de a fi fericiți" este secretul unei anumite lumini interioare, care este mai des întâlnită decât ne-am imagina.

Cum se poate armoniza acest legământ de fericire cu dorința de a cunoaște împlinirea sexuală? Ce loc ocupă intimitatea sexuală într-un cuplu? Un cuplu căsătorit sau nu se definește prin premisa socială că membrii săi împărtășesc o viață sexuală comună, dar cu toții știm că, pe măsură ce înaintăm în vârstă, lucrurile se schimbă.

La reuniunea literară de la Mantua, am vorbit cu Éric-Emmanuel Schmitt despre pierderea dorinței sexuale în interiorul cuplului. „Dorința este incontrolabilă", spune Éric, „vine din senin. Este o fatalitate, un destin". Așadar nu suntem deloc liberi să dorim. Singura libertate pe care o avem este cea de a accepta să-l iubim sau nu pe cel sau pe cea pe care îl/o dorim. Așadar, continuă Éric, iubirea nu are nimic de-a face cu dorința. Iubirea și dorința sunt două „ținuturi" diferite. Se știe deja că într-un cuplu partenerii pot continua să se iubească fără să continue să se dorească.

„Există însă vreo modalitate de a menține dorința într-un cuplu?", l-am întrebat pe Éric. „Din câte am înțeles, este extrem de dificil, pentru că nevoia de securitate, de siguranță și necesitatea de a fi cât mai mult timp împreună fac ca dorința să se stingă, ba chiar să dispară." „Trebuie pusă la punct o strategie de nesiguranță, de insecuritate", conchide Éric, deoarece proximitatea uzează dorința. Trebuie pus în mișcare „sentimentul că este prima dată".

Ce expresie frumoasă, „sentimentul că este prima dată"! Am citit despre așa ceva în cartea lui Esther Pérel[1] referitoare

---

[1] Esther Pérel, *L'Intelligence érotique. Faire vivre le désir dans le couple* („Inteligența erotică. Cum să menții vie dorința în cuplu"), Robert Laffont, 2007. (*n. a.*)

la inteligența erotică, o carte ce se dorește a fi o invitație la cultivarea distanței în cuplu, la reintroducerea riscului în certitudine, a misterului în familie, cu scopul de a retrăi savoarea și poezia începutului.

Niciodată nu putem spune că îl cunoaștem suficient de bine pe cel de lângă noi. Dorința este proporțională cu doza de mister pe care o sesizăm la celălalt. Aud câteodată un senior de 80 de ani îndrăgostit spunând că mai are încă atâtea lucruri de descoperit la tovarășa lui de viață alături de care a petrecut 50 de ani. Are un aer atât de juvenil acest om care-mi povestește că de zece ani „cultivă spiritul copilăriei", o manieră nouă de a privi atât viața, cât și pe cel de alături! Este un fel de explorare a intimității, așa cum a fost ea definită de François Julien[1]: „departe de dragostea zbuciumată", capacitatea de a împărtăși cu celălalt eul tău interior, ceea ce se întâmplă în străfundurile sufletului tău, precum și interesul pentru ceea ce simte celălalt fără a deveni prea insistent; este vorba de o curiozitate față de celălalt, de predispoziția de a descoperi misterul, imprevizibilul din celălalt. Această atitudine întreține dorința și evită acea capcană dublă pe care o creează oboseala și frustrarea. „În fiecare zi descopăr la ea ceva", îmi spune îndrăgostitul meu de 80 de ani.

Să visezi cu ochii deschiși alături de celălalt

Ce asigură longevitatea cuplurilor? întreabă Claude Habib într-o carte care mi-a plăcut foarte mult, *Le Goût de la vie*

---

[1] François Julien, *De l'intime* („Despre lucrurile intime"), Grasset, 2013. (*n. a.*)

commune[1], o frumoasă pledoarie pentru viața în doi. Să fii familist, spune ea, nu înseamnă că „accepți închisoarea". Poți să ai un partener și, cu toate acestea, să te simți liber. Asta nu este echivalent cu a merge cu alții, cum se spune în termeni comuni, adică să ai un amant sau o amantă. Nu, aici este vorba de o libertate interioară și unul dintre aspectele acestei libertăți este acela de a avea capacitatea de *a fi liber în gândire*. Ca să poți trăi acest lucru în doi, trebuie să știi să te plictisești împreună cu celălalt. Îmi place elogiul plictisului, așa cum este el făcut în această carte. „Plictisul nu este un obstacol în calea vieții în comun. Este baza vieții în comun, condiția sa *sine qua non*[2]." El este fundamentul liniștii, precum mâlul pe fundul unui lac. Un fundament stabil." În care te cufunzi pentru a te regenera. „Prin acest exercițiu invizibil, prin această plonjare interioară ajungi să te cunoști... și să evoluezi. Nu așa cum evoluezi în carieră sau așa cum înaintezi pe o cale deschisă de alții, ci imprevizibil, precum un banc de pești în mare – instinctiv și acest lucru presupune existența unei lumi interioare[3]." Cuplurile de seniori care se mai bucură împreună de viață sunt cupluri care știu să se plictisească unul alături de celălalt, pentru că au o viață interioară bogată. Puțini sunt aceia care evocă preaplinul plictiselii, ne spune Claude Habib, pentru că acest lucru pare rușinos: „Nimic nu este mai comun sau mai des întâlnit. Plictiseala este cenușiul existenței, opusul strălucirii. Cum

---

[1] Claude Habib, *Le Goût de la vie commune* („Gustul vieții în comun"), Flammarion, 2014. (*n. a.*)
[2] *Ibid.*, p. 17. (*n. a.*)
[3] *Ibid.*, p. 18. (*n. a.*)

poți scăpa de el?" Evident, trebuie să distingem între plictiseala provocată de singurătate, care este ca o otravă, și cea care permite comunicarea cu sine. Aceasta din urmă este cheia fericirii în doi. Poți petrece o zi întreagă alături de celălalt fără să vorbiți, fără să faceți ceva special – este ca un fel de vacanță împreună. Fiecare călătorește în gândurile sale, dar e ca și când gândurile comunică în subteran. A ști să faci acest exercițiu în doi este, de altfel, unul dintre semnele dragostei – un semn al încrederii.

Am vorbit de curând la telefon cu unul dintre prietenii mei, muzician, care-mi mărturisește că întotdeauna i-a plăcut să facă dragoste și că erotismul este încă prezent în el. Soția lui însă nu împărtășește aceleași trăiri. Ea este preocupată de altceva, nu mai dorește să facă dragoste. Pe scurt, nu mai au nici urmă de dorință unul pentru celălalt. Viața lor conjugală își urmează cursul liniștit, cu activități cotidiene, fiecare respectând domeniile de interes ale celuilalt: al lui muzica, al ei literatura. Dar nu se mai întâlnesc. Dorm împreună, dar nu se mai ating. Iar el nu este mulțumit. Omul îndrăgostit, tânjind în secret după eros, suferă. În mai multe rânduri, a simțit nevoia să se apropie de o femeie de care se simțea atras. Și-a simțit corpul vibrând, a simțit dorința de a o îmbrățișa, de a se lăsa orbit de tentația de a trăi din nou bucuria inefabilă a comuniunii sexuale. Categoric, amantul din el nu a dispărut. Dar s-a gândit la riscul la care se expunea ducând o viață paralelă. Spune că nu are puterea de a avea o relație secretă, ascunsă, așa cum atâția bărbați ajung să aibă. Își iubește soția și nu vrea să o rănească. Și atunci a descoperit soluția pentru a nu ucide îndrăgostitul din el – visele erotice, din care se trezește extrem de viu. O femeie, de fiecare dată alta, cu alt chip, alt corp, dar cu aceeași dorință de a i se dărui, îl vizitează în visele sale. El o numește *anima*. Fac dragoste pasional, și la trezire el își dă seama că trupul său a participat la această explozie de senzualitate aidoma unui adolescent. În timp, a învățat să poarte discuții cu această *anima* erotică. Îi trimite versuri, îi scrie scrisori. Folosește această tehnică a imaginației active, își lasă mâna să alerge pe caietul viselor și descoperă, cu plăcere, că femeia visurilor lui îi răspunde. Ai putea crede că a înnebunit, dar nu este deloc așa.

Citindu-l pe Jung a aflat că orice făptură umană poate intra în legătură cu personajele sale interioare. Așa a dezvoltat o întreagă viață erotică interioară care are aceeași putere și aceeași veridicitate ca cea pe care ar putea să o aibă în realitate.

Cultivarea armoniei de dragul armoniei

Un cuplu este cuplu pentru că trăiește împreună?! „Nu este un criteriu, răspunde Claude Habib, pentru că există cupluri care trăiesc împreună, dar pe care le desparte o prăpastie. Dimpotrivă, există oameni pe care sociologii americani i-au denumit LAT *(living apart together)*, cupluri care nu locuiesc împreună, dar care împărtășesc cu adevărat intimitate. Locul lor de viață nu este geografic, ci unul interior. Așadar, un cuplu este cu adevărat cuplu atunci când fiecare ia decizia de a-l plasa pe celălalt în centrul vieții sale."

După părerea ei, cuplurile rezistă în timp grație „dorinței de a cultiva armonia de dragul armoniei." Este vorba aici de sincronie.

Un cuplu evoluează în viață ca pe un ring de dans. Îmi vine în minte faptul că îmi place să privesc cupluri de vârstnici care dansează împreună și care se cunosc atât de bine că mișcările li se înlănțuie cu grație, în timp ce pe chipurile lor grave și concentrate se poate citi o fericire venită din străfundurile sufletelor. Te simți emoționat în fața acestor ființe atât de unite, în care anticiparea unuia primește răspunsul prompt al celuilalt.

Această sincronie care antrenează trupurile, privirile, ritmul dă naștere unei dorințe aparte, cu precădere erotică.

Există aici și un alt fel de sincronie: cea a gândirii, a telepatiei, a evocării mentale a aceluiași lucru, în același timp. Și în acest tip de sincronie intervine Erosul − surpriza pe care o ai când descoperi că știi la ce se gândește celălalt, când îi dai o sărutare tandră pe gât, când îl îmbrățișezi dintr-odată exact când celălalt simte nevoia de a fi îmbrățișat; această surpriză care ia naștere dintr-o înțelegere tacită este o formă de orgasm. Atunci când înțelegi că ești pe aceeași lungime de undă cu celălalt, invizibilă, dar nu mai puțin reală, ești invadat de o plăcere surprinzătoare. În acest caz suntem departe de oboseala și platitudinea pe care conviețuirea îndelungată și cunoașterea deplină a celuilalt le pot aduce într-un cuplu.

Această întâlnire imprevizibilă a trupurilor și a gândurilor poate fi trăită ca o adevărată voluptate.

Adesea, când un cuplu se separă sau când unul dintre parteneri dispare, descoperim ce a făcut ca acel cuplu să dureze − armonia născută din dăruirea și atenția pentru celălalt care se simt acut în aceste momente. Când rămâi singur, îți dai seama că îți lipsește ceva. Apoi începi să descoperi toate acele momente care oferă farmec vieții în doi – „acum se va întoarce acasă, acum o să luăm ceaiul, vom merge puțin la plimbare, aud cheia în broască... Simpla întoarcere a celuilalt, eventualitatea întoarcerii sale dă o forță fantastică trăirilor ulterioare, dorințelor care dispar.[1]"

În fine, ceea ce oferă un preț vieții în doi este această venire tandră în întâmpinarea dorințelor celuilalt, izvorâtă din încredere și reciprocitate. „Chiar dacă ești departe, cred că te gândești la mine, așa cum și eu mă gândesc la tine."

Poate această armonie tacită să fie trăită în afara unei legături exclusive și fidele?

Îmi vine în minte „secretul" unui cuplu pe care l-am întâlnit nu de multă vreme. El are 75 de ani, ea 72.

De câte ori simt nevoia să vorbească despre ce nu merge bine în viața lor, se așază unul în fața celuilalt, își iau mâinile și se privesc în ochi. Este postura clasică pentru a oferi și a primi, și această postură însăși, prin natura ei, demonstrează faptul că niciunul nu este acuzat de ceva. Cel care are ceva de spus spune știind că nu va fi întrerupt, că cele spuse de el sunt ascultate și că vor avea efect în orele și zilele ce vor urma. Acest ritual intim are regulile sale. Cel care ascultă, primește, dar nu răspunde, nu se justifică, nu judecă. Dacă simte cu adevărat nevoia să vorbească, cere permisiunea celuilalt să fie ascultat. Este o comunicare bazată pe respect, nu o discuție sau o reglare de conturi.

---

[1] *Ibid.*, p. 149. (*n. a.*)

Ritualul despre care vă vorbesc are multe efecte benefice, nelăsând să se acumuleze animozități sau nemulțumiri. Atâta vreme cât nu există lucruri nespuse, nu există nici neînțelegeri. Mai mult, între parteneri se stabilește o tandrețe aparte, căci fiecare are sentimentul că este „ascultat" de celălalt. Acesta este cu adevărat un cuplu.

Satisfacerea sexuală

Se pare că 70% dintre francezii trecuți de 65 de ani au renunțat să-și mai consacre energia vieții sentimentale și sexuale care este apanajul tinereții sau al maturității timpurii. Din rândul acestora trebuie să facem deosebire între cei la care s-a instalat în timp un fel de oboseală și cei care sunt pur și simplu „sătui" de sex.

„Obosiții" nu au fost niciodată prea entuziasmați de sex. Aceștia au convingerea intimă că nu sunt destul de seducători – o oarecare consecință normală a transformărilor prin care trece corpul – și atunci își canalizează atenția către altceva. Această renunțare progresivă pare că „se petrece de la sine", important fiind ca individul să nu fie frustrat și să se simtă bine în pielea lui. Oamenii în această situație au camere separate sau dorm în același pat fără să se atingă, la fel ca frații. Această evoluție a relației are cel puțin două semnificații: prima – viața sexuală nu a fost niciodată prea importantă pentru acest cuplu, iar a doua – cu mult înainte de 60 de ani, partenerii nu mai făceau dragoste; bărbatul își satisfăcea aiurea nevoile sexuale, probabil cel mai adesea în secret; femeia, acomodându-se cu ușurință la acest nou mod de viață, acorda prioritate prietenelor, familiei, copiilor și nepoților.

A doua categorie este cea a „sătuilor". Aceștia au făcut dragoste din plin și, pur și simplu, nu mai au chef acum de asta. Dar plăcerea atingerii nu va dispărea niciodată pe de-a-ntregul. Sunt înconjurată de cupluri de prieteni care au în jur de 70 de ani și care, chiar dacă nu mai fac dragoste ca în tinerețe, dorm dezbrăcați unul lângă celălalt și se bucură de acest contact al trupurilor care le oferă fiorii dragostei.

Am decis să nu mai facem dragoste

Jean-Louis tocmai a împlinit 65 de ani. Ne leagă un trecut de luptă alături de persoanele atinse de HIV, deoarece am fondat împreună o asociație de susținere a acestora[1]. Acest tip de activitate a stabilit între noi un soi de complicitate puternică care a rezistat în timp, chiar dacă acum nu ne mai vedem. Acum 30 de ani când l-am cunoscut era regizor, actor, homosexual și trezea pasiuni puternice. Era un om de un dinamism și de o generozitate ieșite din comun. A fost, fără îndoială, una dintre ființele cele mai creative și mai vii din câte mi-a fost dat să cunosc. Era magnific, cu un trup de faun[2] și de un magnetism rar. Lupta sa pentru drepturile persoanelor seropozitive se datora fără îndoială prietenului său

---

[1] Association Bernard Dutant, Sida et Ressourcement, Maison des associations La Canebière Marseille. (*n. a.*)

[2] *Faun* – zeu al fecundității din mitologia romană; divinitate romană campestră, protectoare a câmpiilor, pădurilor și turmelor, înfățișată ca un bărbat cu coarne și cu picioare de țap. (*n. red.*)

de atunci, Serge, pe care l-a iubit și l-a îngrijit până la sfârșit. Îmi aduc aminte că am admirat profund solicitudinea de care dădea dovadă trezindu-se în fiecare noapte să-l șteargă de transpirație pe partenerul lui, să-l maseze, să-i potolească durerile. Într-o bună zi, a întâlnit o femeie, și ea voluntară în aceeași asociație, și s-a îndrăgostit de ea. Și-a schimbat viața, a devenit psihoterapeut, formator pentru echipele de voluntari cărora le preda lecții de atitudine și tact. Între timp s-a căsătorit cu Michelle cu care a avut trei fiice. Îmi amintesc că am auzit spunându-se că, alături de ea, găsise ceea ce căuta de multă vreme și că era extrem de fericit. Iată deci un parcurs atipic; nu am mai cunoscut persoane care, la mijlocul vieții, să „vireze" brusc de la homosexualitate către heterosexualitate.

Ceea ce mi se pare și mai rar este faptul că, spre vârsta a treia, el și soția lui au decis să nu mai facă dragoste. Am fost atât de surprinsă, încât l-am întrebat dacă ar accepta să ofere o mărturie pentru cartea pe care tocmai o scriam. Sunt încă bulversată de mărturisirea pe care mi-a făcut-o în momentul în care a acceptat.

„Sunt deja doi ani de când nu mai facem dragoste. Cu toate acestea dorința dintre noi a rămas aceeași, dar a căpătat o altă formă: pasiunea a trecut în plan secund. Acum sunt mai importante pentru noi momentele de tandrețe, discuțiile, felul în care ne organizăm viața de zi cu zi, educarea copiilor, munca, felul în care privim lucrurile."

Jean-Louis spune că nici el, nici Michelle, nu simt niciun fel de frustrare și că sexualitatea lor a evoluat. Prima fază a fost cea a întâlnirii pasionale, „acea nevoie aproape permanentă a trupurilor de a se simți, de a face dragoste nebunește, care s-a estompat în timp". Apoi, sexualitatea lor a trecut prin mai multe etape, fără ca ei să fi căutat acest lucru. „Au venit de la sine", spune el. Situația actuală – aceea de a nu mai face dragoste – este o urmare firească și au luat-o ca atare. Au ajuns la un echilibru în viața lor. „Dragostea pe care o avem unul pentru celălalt este în continuă schimbare, se rafinează, se colorează, căpătând culoarea timpului care trece și ne leagă unul de celălalt mai mult ca niciodată."

La 65 de ani, Jean-Louis spune că el „continuă să fie impresionat de plasticitatea formelor unei femei". Unele, prin felul lor de a fi sau prin anumite gesturi, îl fac încă să tresalte. „Îmi inspiră tandrețe, nevoia de a le proteja, dragoste, dar niciuna nu îmi inspiră dorințe sexuale."

E ca și cum energia sexuală, atât de puternică odinioară la el, se reorientează spre celelalte activități ale vieții sale, spre atenția pentru ceilalți, spre familie și prieteni.

Îl ascult și îmi spun că, în acest caz, este vorba de altceva decât de renunțarea tristă la sex pe care am întâlnit-o la alte persoane. „Nu am renunțat la sex", precizează el. „Dar pentru că mi-am trăit viața sexuală cu maximă intensitate, pot trece la altceva, fără să am obsesii ca în tinerețe. Dorințele mele au evoluat în timp. Când mă uit la o femeie nu o fac neapărat dorind-o sau așteptând ceva. Intențiile mele sunt acum clare. Primesc totul sincer, fără intenții ascunse. Sunt mult mai deschis față de ceea ce este sau se întâmplă în jurul meu."

De fapt, ceea ce Jean-Louis îmi povestește este un minunat exemplu de sublimare. De aceea nu simte niciun fel de frustrare. Mai mult, totul rămâne posibil, deschis, în această poveste de iubire unică.

„Ne-am simțit liberi din prima zi în care ne-am întâlnit. Totul este posibil între noi. Totul poate fi luat de la început. Nimic nu a murit. Această libertate ne îngăduie să ne împărtășim sentimente profunde, în deplină încredere. O încredere pe care nu am mai împărtășit-o cu nimeni, pentru că Michelle este o persoană căreia îi pot spune tot deoarece știe să asculte și, mai mult decât atât, rezonează la ceea ce îi spun."

Libertatea despre care vorbește Jean-Louis este rezumată de Michelle într-o simpatică litanie: „Ne atingem, ne mângâiem, suntem tandri, ne ascultăm unul pe celălalt, schimbăm păreri, ne explicăm, ne căutăm, ne găsim, ne regăsim, împărtășim totul, ne alinăm, îndrăznim, îndrăznim totul, ne iubim!"

Când mi s-a făcut această mărturisire, am avut nevoie de ceva timp pentru a o înțelege. Mi se părea un lucru atât de rar, de insolit într-un anume fel, tocmai pentru că venea de la un cuplu în plină maturitate. Am revenit cu întrebarea: „Dar dacă trupurile voastre încă se ating, dacă dormiți încă împreună, nu simțiți nevoia de a face dragoste? Carnal, sexual?", cu riscul de a fi prea indiscretă.

Jean-Louis mi-a răspuns liniștit că însăși ideea de a face dragoste îl epuizează. Spune că se simte sfârșit de toate experiențele pe care le-a avut. Sexualitatea a rămas vie în el, nu îi lipsește deloc: „Dormim împreună, și când ne lipim unul de celălalt, suntem fericiți de această îmbrățișare care nu cere nimic mai mult. Nimic nu ne oprește să mergem mai departe, și câteodată, această atingere devine mai sexuală, mai înfocată, dar este imediat înlocuită de tandrețe. Ne dorim, avem nevoie de această relație intimă bazată pe alte senzații, pe alte relații, pe alte atingeri."

Dorința pusă deoparte

Dorința „nu se comandă", cum spunea Éric-Emmanuel Schmidt. Vine peste tine!

Am descoperit un articol în *Libération*[1] referitor la întrebările pe care și le pune un cuplu care a lăsat dorința deoparte. Ne aflăm în fața unei chestiuni tabu, așa cum spune autorul. Este foarte greu să admiți că în timp are loc o diminuare a dorinței: privești acest lucru deschis și poți și să vorbești despre el. Suntem invitați la un dialog pe care puține cupluri îndrăznesc să-l aibă:

„În pat, într-o seară. A: Este cumplit! B: O să îți revii. A: Nu, nu o să-mi revin, de șase luni nu am mai făcut sex. B: O să-ți revii, de vină sunt oboseala și grijile."

Dialogul continuă. Bărbatul își amintește că nu demult relațiile lor erau normale, chiar dacă aveau griji mai mari – poate erau șomeri, aveau un părinte pe patul de moarte –, și el pune o întrebare pertinentă: „Nu crezi că oboseala asta este, de fapt, o lipsă de excitare? Odinioară, tocmai când eram obosiți, aveam mai mult chef." Așadar, este vorba de lipsa dorinței. Citind mai departe, aflăm că oboseala este primul motiv invocat în cazul cuplurilor care nu mai fac dragoste.

---

[1] «Le „ça" et le sexe» („«Instrumentul» și sexul"), Éric Loret, *Libération*, 7 august 2014. (*n. a.*)

Al doilea motiv invocat, acela că ar putea fi surprinși de copii, nu îi mai privește pe sexagenari, afară doar dacă se află în vacanță în aceeași casă cu copiii lor.

Pe lângă faptul că nu mai au chef, au și o viziune extrem de pesimistă asupra vieții lor: „Suntem bătrâni, mâncăm, ne uităm la un film, simțim moartea aproape, nu ne mai sărutăm, dormim tot mai prost și tot așa, din ce în ce mai rău, până când vom muri." Ce soluție are această lipsă de dorință? Alcoolul, Viagra, jucăriile sexuale? Mersul la sexolog? „Să îl surprinzi pe celălalt, să îți pui desúuri sexy, să oferi cadouri, mici atenții"? Să încetezi să-ți mai aduci aminte de momentele infernale din pat? Să adopți o terapie comportamentală? Să adopți soluția schimbului de parteneri? Să întreții iluzii cu un amant sau o amantă, fără ca celălalt să știe? Sunt evocate toate soluțiile posibile.

În fine, apare și întrebarea cea mai importantă: ce este dorința? Este posibil ca libertatea sexuală și tehnicizarea erotismului să fi dus la estomparea dorinței? „Sexul înseamnă acum o serie de tag-uri de colecționat... Dacă a o face în toate felurile înseamnă că faci dragoste, atunci toată lumea poate face dragoste. Cuplurile însă caută cu totul altceva încă din prima zi, și acest lucru este dorința. Iar dorința se opune imperativului sexului de consum.

Cu cât ne dorim mai mult să ne regăsim dorința, cu atât mai mult ea ne scapă printre degete, deoarece dorința nu poate fi stăpânită.

Dialogul are un final savuros: „Nu poți obliga ca „aceasta" să revină, dar acest lucru nu înseamnă că „aceasta", adică dorința, nu va reveni!".

Să te opui satisfacerii plăcerii carnale

Dorința se opune satisfacerii plăcerii carnale. Unul dintre modurile în care te poți opune este greva.

În momentul în care m-am ridicat să plec, după o întreagă după-amiază în care am vorbit despre sexualitatea seniorilor și această recâștigare a intimității, François Parpaix mi-a atras atenția asupra viitorilor seniori, cei care au acum 25 de ani și care deja nu mai au libido. Constat că nu este un optimist din moment ce remarcă la tineri o degradare a capacității de a stabili legături erotice.

„Ce înseamnă intimitatea pentru acești tineri care-și etalează viața privată pe Facebook, care nu au prieteni adevărați și care, dacă nu primesc imediat tot ce-și doresc, devin violenți? Care beau, fumează, sunt în căutare de excitări solitare, își petrec serile singuri pe internet sau pe site-uri pornografice? Care se izolează și sunt tot timpul îmbufnați? Au părinți care pentru ei sunt antimodele, pe care nu i-au mai văzut demult timp sărutându-se, îmbrățișându-se sau împărtășind momente intime.

François îmi spune că unii – cu vârste de aproximativ 20-25 de ani – vin la el pentru că nu au libido și pentru că relația cu prietenele lor nu funcționează. Dar, precizează el: „Asta este esențial, pentru că venind să mă vadă înseamnă că sunt conștienți că au o problemă, sunt responsabili." Ce tip de seniori vor fi ei? Vor da dovadă de imaturitate sexuală și afectivă, se vor arunca într-o solitudine dramatică?

François îmi vorbește apoi despre un articol pe care tocmai l-a citit despre milioane de tineri japonezi care nu sunt interesați de sexualitate și de dragoste. Este un fenomen nou care s-ar putea extinde la nivelul întregului glob. *Sekkusu shinai shokogun*, „sindromul celibatului", este perceput de guvernul japonez ca o iminentă catastrofă națională. Potrivit unui sondaj realizat în 2013 având ca subiect planning-ului familial, 45% dintre japonezele cu vârste cuprinse între 16 și 24 de ani „nu sunt interesate de sau disprețuiesc relațiile sexuale". Ele sunt independente și ambițioase, iar relațiile sexuale sunt percepute ca fiind un obstacol în calea carierei la care aspiră. Căsătoria este pentru ele „sfârșitul carierei". O legătură romantică este o povară și o corvoadă[1]. *Mendokusai*, spun ele, ceea ce înseamnă că este „prea complicat", „prea sâcâitor" sau „nu merită". Această fobie față de relațiile de dragoste este împărtășită și de tinerii japonezi. Din ce în ce mai mulți preferă să stea în continuare în casa părintească[2] și înlocuiesc relațiile sexuale reale cu cele virtuale, pe internet, sau cu vizionarea de filme pornografice. „Nu-mi plac femeile reale, prefer să am o iubită virtuală", spun cei mai mulți.

Cu toate acestea, unii se căsătoresc și au un copil, dar, după nașterea acestuia, 40% dintre cupluri mărturisesc că nu mai au relații sexuale. Majoritatea se orientează către un erotism egocentric. Sexualitatea împărtășită a încetat să fie un element de împlinire a sinelui și a cuplului, fapt care provoacă o explozie a pieței autoerotismului.

---

[1] Institutul Japonez al Populației și Securității Sociale avansează ideea că 90% dintre tinere preferă celibatul mariajului. (*n. a.*)

[2] 13 milioane, dintre care 3 milioane au mai mult de 35 de ani, conform unui articol de Abigail Haworth, apărut în *Clés*, în februarie 2014. (*n. a.*)

Cifrele demografice estimează că în 2060 populația Japoniei se va reduce la jumătate și că, încet, dar sigur, această societate va căpăta un aspect de science-fiction. Fenomenul acesta se va extinde oare în întreaga lume? Asistăm la nașterea unei noi forme de umanitate autocentrată, autoerotică din care sexualitatea – simbol al raporturilor cu celălalt – va dispărea?

Conform unui articol recent publicat în *L'Express*[1], din ce în ce mai multe persoane tinere își manifestă dezinteresul pentru sex și pentru dragostea fizică. Pur și simplu nu mai simt dorință. Mai mult, s-a instituit o zi anuală a asexualității și există chiar și o asociație care militează pentru vizibilitatea persoanelor asexuale (AVA). Spre deosebire de abstinență, asexualitatea nu este o opțiune, ci efectul lipsei de dorință. Pe un forum dedicat acestor persoane, ei se supranumesc „A" și nu suportă să fie considerați bolnavi, frustrați sau indivizi care nu și-au întâlnit încă perechea. De altfel, această lipsă a dorinței nu îi îngrijorează deloc. Nu este vorba de frică sau de dezgust, ci pur și simplu de indiferență. Militanții „A" susțin că această lipsă a dorinței este o „orientare sexuală" absolut valabilă, ca și sentimentul de dragoste.

Fără îndoială că asexualitatea a existat dintotdeauna, dar nu s-a făcut niciodată caz de ea. Fetele bătrâne și holteii de altădată erau, fără îndoială, „asexuați". Erau puțin altfel și ajungeau să îmbătrânească singuri. Desigur, ne-am putea întreba care sunt cauzele psihologice ale acestui dezinteres pentru sexualitate. Un complex oedipian prost rezolvat?

---

[1] Caroline Franc Desages, *L'Express*, 15 septembrie 2014. (*n. a.*)

O traumă din copilărie? Ne punem întrebarea ce semnificație are acest fapt în această lume în care sexualitatea este promovată peste tot: în ziare, la televizor, pe internet etc. Se spune că „prea mult sex ucide sexul" și, probabil, că există un adevăr aici!

Singurătate și libertate

La granița spațiilor pe care tocmai le-am explorat, cel al cuplurilor reale sau imaginare, se află acele teritorii aride în care domnește singurătatea.

Brigitte Lahaie mi-a atras atenția asupra lumii femeilor singure: „Nici nu-ți imaginezi câte femei singure de peste 60 de ani există, ba chiar și mai tinere, femei care se plâng că nu întâlnesc bărbați! Acest lucru este specific lor, pentru că bărbații, în general, nu rămân prea multă vreme singuri."

Dar toate se plâng de acest lucru?

Multe dintre ele sunt încă frumoase. Unele au ales să fie singure. Ca acea femeie de 60 de ani care mi-a spus, la finalul uneia dintre conferințele mele, că ea singură a decis să-și părăsească soțul. „Am făcut acest lucru pe cale amiabilă", a completat ea cu mândrie. Scopul ei era acela de a-și redobândi libertatea.

Această categorie de femei nu aleargă în căutarea unui nou partener, ci vor să se bucure de libertate. Mi-a plăcut mult cartea Sylviei Brunel[1] inspirată din „Stairway to Heaven"[2]

---

[1] Sylvie Brunel, *Un escalier vers le paradis* („O scară spre Paradis"), J.-C. Lattès, 2014. (*n. a.*)

[2] „Stairway to Heaven" („Drumul către Paradis") este probabil cea mai populară piesă a trupei britanice de muzică rock Led Zeppelin. (*n. red.*)

a celor de la Led Zeppelin, carte ce reprezintă un omagiu emoționant adus puterii femeilor și jertfei lor pentru libertate. Femeile știu mai bine decât bărbații să trăiască singure, spune autoarea. Acest lucru nu are nicio legătură cu singurătatea; este vorba de a putea face anumite lucruri pentru sine, singură, fără să dai socoteală nimănui. „Să te întinzi în tot patul, să aprinzi veioza în puterea nopții ca să citești când îți vine, să hotărăști singură și fără teamă cum să-ți folosești timpul, să te oprești ca să te bucuri de un apus de soare, să mergi la cinema fără să ai grijă că trebuie să anunți că întârzii, să nu mai fie nevoie să dai explicații!"

Femeia radioasă din fața mea va avea grijă de ea, de ceea ce îi place să facă. Nu o întreb de ce nu putea să facă toate aceste lucruri alături de soțul ei, pentru că știu răspunsul. Ca multe alte cupluri, au trăit unul alături de altul fără ca intimitatea lor să devină profundă, iar cu timpul s-au îndepărtat unul de celălalt.

Singurătatea care aduce suferință

Alte femei au fost părăsite de soțul sau partenerul lor de viață, tentat să-și refacă viața cu o femeie mai tânără, ori și-au pierdut soțul în urma unei lungi și grave boli.

„Nu îmi place să fiu singură", spune Anne, pe care soțul ei a părăsit-o acum 10 ani. Această femeie drăguță, de 68 de ani, s-a obișnuit cu singurătatea, deși nu îi place. La început, i s-a părut deprimant să ia micul dejun singură sau să se întoarcă acasă după o zi plină, într-un apartament rece, fără ca cineva să o întâmpine. Deși frumoasă și atractivă, tonică și interesantă, nu a întâlnit pe nimeni cu care să-și dorească să o ia de la capăt. Lumea din jur se miră: „Ești frumoasă, de ce nu-ți găsești pe nimeni?" Este prea exigentă? Se mai gândește încă la soțul ei? Ca multe femei în situația ei, s-a hotărât să se înscrie pe un site de întâlniri cu o reputație bună.

Dar după un an de întâlniri nereușite, a renunțat la vânătoarea de bărbați și a decis să își accepte situația. Să nu mai caute, să nu mai aștepte și să profite de ceea ce îi oferă viața. Dar ceea ce viața îi oferă sunt bărbați căsătoriți. „Nu ai aflat până acum că toți bărbații bine sunt luați?" a întrebat-o o amică deunăzi. „Trăiește tot ce poți cu ei și spune-ți că ți se oferă ce e mai bun. Așa nu vei avea parte de scene casnice la micul dejun și nici nu trebuie să suporți banalitatea cotidiană."

A acceptat sfatul, dar nu a renunțat la visul ei de a-și găsi tovarășul pe care sufletul ei îl aștepta.

Pentru a trăi din plin, s-a gândit că este nevoie ca această perioadă de solitudine să aibă un sens – anume acela că trebuie să învețe să fie cu adevărat independentă. De aceea, a decis să se bucure seară de seară de cina luată la bistroul de vizavi de casa ei, fapt care îi dă o liberate sexuală pe care multe dintre femeile din jurul ei o invidiază.

Pierette, de 68 de ani, este văduvă de cinci ani. În ultimii ani a fost ajutată de un grup care se ocupă de femeile văduve. Mi-a spus că a trecut prin mai multe faze. Fusese atât de legată de bărbatul ei, încât nu-și putea imagina că va mai avea viață amoroasă sau sexuală, convinsă fiind că nu va mai putea retrăi ceea ce a trăit alături de el. În primele luni de doliu, admite că a pus pe un piedestal cuplul lor, idealizându-l, convinsă fiind că, și dacă ar găsi un al doilea soț, nu ar putea fi „decât un surogat a ceea ce i-a fost dat să simtă alături de soțul ei."

În anturajul ei catolic, destul de convențional și rigid, mai ales când este vorba de sex, se consideră că o văduvă nu mai are dreptul la viață sexuală. Este tabu! ar spune psihanaliștii. Și ea ar fi fost convinsă că așa trebuie să stea lucrurile, dacă nu și-ar fi dorit să întâlnească și alte femei în situația ei. După perioada de doliu, care nu are nimic de-a face cu uitarea, ci, mai degrabă, cu revenirea dorinței de a trăi, de a veni în întâmpinarea vieții, Pierette a simțit nevoia de a întâlni și alți bărbați. Dar lucrurile nu sunt atât de simple. Mai întâi, s-a întrebat dacă mai este la fel de atrăgătoare ca odinioară. Și-a dat apoi seama că nu este atât de ușor să întâlnească un bărbat liber și „bine". Ascultând-o, îmi vin în minte statisticile care spun că 37% dintre femeile văduve sau divorțate nu au partener, față de doar 16% dintre bărbați. „Bărbații preferă să aibă companie, oricare ar fi ea, decât să fie singuri. Ei nu sunt atât de exigenți ca noi, femeile. Mai mult, ei se orientează către femei mai tinere, pentru că teama de bătrânețe îi îngrozește. Se creează astfel un dezechilibru." Una dintre prietenele sale a încurajat-o să renunțe la a-și găsi un partener, dar să profite de toate ocaziile de a iubi pe care viața i le oferă – fie că e vorba de copii, de nepoți, de prieteni. Această prietenă, îmi mărturisește ea, a încercat să o facă să renunțe la planurile sale, amintindu-i că „în orice caz, toți bărbații pe care i-ar întâlni nu se vor gândi decât la sex!" Ea însăși avea o legătură tandră și senzuală cu o femeie, relație în care era foarte fericită. Ca și când această evoluție către homosexualitate ar fi putut să o elibereze de bărbați!

Pierette, care nu se simte atrasă de femei, revine la dorința sa de a întâlni un partener. Nu poate separa dragostea de reluarea vieții sexuale, dar își dă seama că acest lucru nu se poate spune în gura mare.

Deși prietenele o încurajează, ea ezită să se înscrie pe un site de întâlniri. Este conștientă totuși că în cercul ei de cunoștințe nu va găsi bărbatul pe care-l caută. În jurul ei sunt doar cupluri și se vede privită ca o „femeie singură", așadar ca o posibilă prădătoare sexuală care amenință stabilitatea cuplurilor. Nu mai este invitată nicăieri, „ca și când femeile, simțind că am anumite dorințe, își apără instinctiv teritoriul".

Să îndrăznești să-ți oferi plăcere

Sonia, care afirmă despre sine că este bisexuală, pare foarte mulțumită de sexualitatea ei. Și-a petrecut copilăria în Algeria și își explică propria senzualitate printr-o amintire anume pe care ține să ne-o împărtășească. Bona ei o lua mereu la hamam, un loc în care femeile se parfumează, se masează, un loc plin de voluptate. „Toate aceste femei orientale, planturoase, cu forme generoase, mă luau în brațe, mă sărutau, mă mângâiau, mă parfumau." Sonia este convinsă că modul în care femeile din hamam aveau grijă de corpul lor, toată această tandrețe feminină, foarte erotizată, a jucat un rol important în formarea sa ca viitoare amantă. Mărturisește chiar că aceste femei i-au salvat feminitatea pe care nu ar fi descoperit-o niciodată alături de mama sa, rece și reținută. Prima ei experiență homosexuală, de la vârsta de 17 ani, a trăit-o cu o femeie care avea dublul vârstei sale. Au fost împreună șase ani, până când partenera sa a rupt relația, îndrăgostindu-se de cel mai bun prieten al Soniei. Despărțirea a fost dureroasă. Sonia s-a orientat atunci către teatru și, la 26 de ani, a întâlnit un tânăr „foarte frumos, îndrăgostit de natură, jovial" cu care a stat tot șase ani. Tânăra spune că era fascinată de contactul senzual cu trupul lui, dar că și-a dat seama că prefera să facă dragoste cu o femeie. Fără îndoială, puterea primelor ei emoții sexuale, împărtășite cu o femeie, i-a marcat definitiv orientarea sexuală. Cu toate acestea, Sonia nu dorește să fie calificată drept „homosexuală". „Cred că sunt hetero...". După ruptura cu acest prim iubit, care i-a devenit între timp prieten, Sonia a avut mai multe relații, și cu femei, și cu bărbați, și mai tineri, și mai în vârstă decât ea. „Nu am părăsit pe nimeni niciodată. Iubiții și iubitele mele m-au părăsit pentru alții... Am acceptat de fiecare dată despărțirea pentru că-i iubeam. Cred că toată viața noastră suntem marcați de oameni, iubiri, întâlniri care ne îmbogățesc existența."

A traversat și perioade de solitudine pe care a știut să le gestioneze. „Îmi aduc aminte că am plecat singură în Bali. Am văzut femei de 70 de ani muncind pe câmp și mi-am zis gândindu-mă la viața mea: ce șansă mare ai tu să-ți bei cafeaua pe terasă când vrei, să nu fii constrânsă, să fii liberă, să te poți minuna de atâtea lucruri din jurul tău. Mi-am dat seama de norocul pe care îl am." Când s-a îmbolnăvit de cancer, la 46 de ani, Sonia s-a bazat pe optimismul său, pe bucuria de a trăi, pe forța de a lupta pentru viața ei. A întâlnit o femeie cu șaptesprezece ani mai tânără care i-a fost alături în cei doi ani cât s-a tratat de cancer, dar care a părăsit-o de îndată ce medicii au spus că boala a intrat în remisie, rămânând însă prietene.

O ascult pe Sonia povestindu-mi viața ea și sunt frapată de puterea ei. Atâtea despărțiri, o atât de mare capacitate de a-și reveni, de a păstra relațiile cu toți iubiții ei, indiferent de sex. Dar cum este viața ei sexuală azi?

Sonia are acum 63 de ani. Este singură de cinci ani, dar a încheiat oare acest capitol din viața ei? Categoric nu, răspunde ea. Aflată în așteptarea marilor întâlniri care, cu siguranță vor surveni, deoarece dacă ai bucuria de a trăi, ești deschis, primitor, oamenii vor veni către tine, Sonia se bucură de toate plăcerile pe care viața i le oferă: înoată, se lasă purtată de apă, își oferă singură diverse mângâieri. „Masturbarea este grozavă, spune ea. Să-ți oferi plăcere este un lucru extraordinar. Am chef să o fac, și o fac. Le spun mereu femeilor care se plâng că nu au viață sexuală: „Dar aveți mâini, folosiți-le!". Sonia este de părere că nu este lipsită de sexualitate, cu atât mai mult cu cât satisfacerea pe care și-o oferă este asociată cu trupurile persoanelor pe care le-a iubit. „Satisfacerea este la îndemână și ajung la ea fără oprelişti." Da, afirmă ea, faptul că își oferă plăceri sexuale chiar și în perioadele de solitudine, o ține în viață, generoasă, iubitoare. „Felul meu de a proceda acționează ca prezența unui iubit în viața mea, simt acest lucru", spune ea, povestindu-ne că zilele trecute, un actor gay de 30 de ani, care s-a așezat lângă ea în autobuz, i-a luat mâna cu o infinită tandrețe și i-a sărutat-o. Acest gest i-a oferit doza de fericire necesară pentru întreaga zi.

Prietenele ei o compătimesc că nu are pe nimeni și o sfătuiesc să se înscrie pe un site matrimonial. Sonia preferă însă să aștepte „magia întâlnirii".

„Nu văd această perioadă de solitudine fără sfârșit. Orice se poate întâmpla."

La sfârșit, Sonia ne spune că nu-i este frică de bătrânețe și că îi plac petele pe care vârsta a început să le depună pe mâinile sale. Își abordează „bătrânețea" cu încredere și cu tot arsenalul amintirilor, al fantasmelor, al contactelor intime pe care le-a avut de-a lungul timpului la îndemână. „Aceste relații nu pot decât să devină mai profunde, nu credeți?"

Viața între femei

La urma urmei, de ce nu? Multe sexagenare îmi spun că iau în calcul această variantă. Fără să devină homosexuale, dacă nu erau înainte, sunt gata să împărtășească o intimitate erotică cu o femeie masându-se, mângâindu-se, oferindu-și plăcere.

Vero îmi povestește că a luat hotărârea să împartă apartamentul cu o femeie pe care a întâlnit-o la un curs de masaj californian și cu care se înțelege bine.

Relația lor s-a legat într-o seară, în timpul unui masaj intim. Vero își iubește corpul și îi place să și-l atingă tandru. Are o stare de bine în momentul în care se destinde și este conștientă că faptul că, relaxând prin masaj alte persoane, își oferă și ei o stare de bine. În principiu, nu se atașează de persoana căreia îi face masaj. Dar cu această prietenă are atât o legătură profesională – amândouă sunt psihoterapeute și le place să meargă la conferințe împreună –, cât și una erotică și ludică.

Adoră să se întâlnească din când în când și, după o baie relaxantă, să inventeze felurite jocuri, ca să-și ofere plăcere una alteia.

Atunci când o întreb dacă nu simte nevoia unui bărbat în viața ei, Vero îmi răspunde cu sinceritate afirmativ. „Sigur că îmi lipsește. Îmi place energia erotică a unui bărbat, dar nu mi-o doresc cu orice preț." Așa că, pentru moment, profită de această coabitare tandră cu o prietenă cu care se simte bine și se distrează.

Inițiatoarele

Vorbim adesea despre „devoratoarele de bărbați" la modul peiorativ. Ne imaginăm niște femei care îi duc pe calea pierzaniei pe bieții tineri sau niște „vânătoare" cu experiență, în căutare de bărbați virili care să le satisfacă nestăvilitele dorințe erotice. Este adevărat că site-urile pornografice nu ajută deloc la modificarea acestei imagini pe care lumea, în general, o are despre ele.

Adesea, ne închipuim că atracția bărbaților pentru femei mai în vârstă ca ei, independente financiar, cu venituri sau pensii confortabile, este justificată de dorința acestora de a găsi o stabilitate materială. Se trece însă prea ușor peste un al doilea motiv: acela al stabilității afective, al confirmării capacității lor masculine de a oferi plăcere unei femei.

Am întâlnit multe femei de vârsta mea care mi-au dovedit faptul că au avut un rol determinant în reluarea vieții sexuale a partenerilor lor ocazionali.

Adesea „zdrobiți", după părerea lor, de femei mai tinere, pline de prejudecăți la adresa performanțelor sexuale masculine, acești bărbați și-au redescoperit, alături de ele, încrederea în sine.

Îmi aduc aminte de mărturisirile unui bărbat de 45 de ani care era de patru ani împreună cu o doamnă de 70. Sigur, era conștient de faptul că trupul ei nu mai arăta ca cel al unei fetișcane, dar nu ar fi renunțat pentru nimic în lume la relația cu „această femeie uluitoare" la care aprecia experiența și felul în care știa să-și manifeste dorința, pasiunea. „M-a surprins cât de seducătoare poate fi la vârsta ei. M-am simțit puțin jenat prima oară când s-a dezbrăcat. Dar ea se simțea atât de bine în pielea ei, era atât de conștientă de cum arată corpul ei, că acest sentiment a dispărut rapid." Bărbatul îmi mărturisește apoi că, în momentul în care a întâlnit-o pe actuala lui parteneră, suferea de „disfuncție erectilă" și tocmai se despărțise de o femeie care îl umilea și îl făcea să se simtă în permanență în inferioritate. Își pierduse cu totul încrederea în el. De aceea, îi datorează iubitei lui mai în vârstă o recunoștință nemărginită pentru că l-a făcut să se simtă din nou bărbat.

Așadar, greșim subestimând rolul femeilor de inițiatoare ale bărbaților în relațiile sexuale. Am crezut întotdeauna că este o șansă pentru un bărbat să fie inițiat în aceste jocuri de o femeie mai experimentată decât el. De asemenea, cred că femeile cu experiență ajută foarte mult un bărbat care are probleme de erecție să-și recapete încrederea în el.

Am recitit de curând cartea *Éloge des femmes mûres* („Laudă femeilor mature") de Stephen Vizinczey. Acest bestseller erotic debutează cu un sfat al lui Benjamin Franklin: „În relațiile voastre de suflet, să căutați întotdeauna femei mature, nu tinere fete..., căci primele posedă o mai bună cunoaștere a lumii", așadar au o mai mare experiență de viață.

Tânărul Andras îmi povestește despre prima lui legătură cu o femeie care era cu 25 de ani mai mare ca el, Maya. Aceasta îl inițiază în tainele amorului și îi dă o asemenea încredere în el, încât se simte „ca un director". Când nu sunt „femei castratoare", ele pot oferi bărbaților un sentiment de preaplin, de încredere în capacitățile lor masculine. Vizinczey ne oferă, în aceste pagini savuroase, câteva ponturi. „Maya m-a învățat tot ce trebuie să știu. Dar „m-a învățat" este impropriu spus: se satisfăcea singură și în felul acesta mă satisfăcea și pe mine. Știa să se bucure de fiecare gest. Să faci dragoste cu ea este o comuniune, nu masturbarea a doi străini în același pat. „Uită-te la mine acum, îmi spunea ea înainte să aibă orgasm, o să simți ce simt și eu."

Cel mai bun mod la care recurge o femeie pentru a-i oferi unui bărbat încredere în el este acela de a se satisface singură și de a-l invita să o privească. Comuniunea amoroasă despre care vorbește Andras înseamnă să-l facă pe bărbat părtaș la orgasmele ei.

Dialogurile mele cu femei decepționate de viața lor sexuală mi-au confirmat părerea că totul se datorează frustrării din ele. Aceste femei nu au îndrăznit să se satisfacă și să-și satisfacă partenerul. De aici până la acuzarea acestuia de impotență și neputință nu este decât un pas.

Ce de confuzii și neînțelegeri în jurul pretinsei responsabilități a bărbatului în cazul eșecului unei relații sexuale! Un bărbat de 67 de ani mi-a povestit că una dintre iubitele sale a remarcat că avea un penis foarte mic. El știa acest lucru de multă vreme, dar descoperise că nu este un impediment. Știa să manevreze cu abilitate „acest obstacol" cu condiția ca femeia să nu fie obsedată de dimensiuni, descoperise mii de feluri în care să devină una cu o femeie. Iar femeile cu care atinsese acea stare de bine fuseseră acele femei care știau să se bucure de penetrare, indiferent de dimensiunile sexului partenerului, și care știau să ajungă la plăcere treptat, progresiv.

Maya, inițiatoarea lui Andras la ejaculările lui precoce, îl strângea între coapsele sale, îl înlănțuia cu brațele, și, așezându-se deasupra lui, îi spunea: „Acum mă lași pe mine să mă ocup de tine."

Și astfel erau în stare să facă dragoste ore întregi. Iar atunci când el ajungea la orgasm și ejacula înăuntru, ea îl ruga să rămână așa, pentru că, spunea ea, „îi place să simtă cum se micșorează".

Un alt fel de sexualitate

Căutând să explorez acest teritoriu necunoscut care este dragostea la cei ce au peste 60 de ani, am pornit într-o adevărată aventură, având în minte următoarea întrebare: vârsta a treia poate fi vârsta dorinței și a plăcerii, o vârstă pe care ar trebui să o trăim din plin și conștient, pentru a putea depăși cu ușurință senzația că ne apropiem de moarte? Cu ajutorul specialiștilor, am căutat să descopăr care sunt mecanismele psihologice și sociale ale acestei reveniri.

Am întâlnit numeroși sexagenari care trăiau o a doua adolescență, femei singure care făceau față cu greu solitudinii sau care se bucurau de această stare. Am încercat să înțeleg cum reușește un cuplu să reziste peste ani, cu sex sau în absența acestuia, am pătruns în zona puțin explorată a celor ce au renunțat la sex și ajung acum în miezul problemei: cum se face că unora le place încă să facă dragoste și merg până la a spune că este chiar mai bine ca înainte?

Cu această întrebare ajung în sfera secretă a celor cărora le-a plăcut toată viața să facă dragoste și cărora le place și acum.

Cuplurile care mărturisesc că au încă viață sexuală, deși au îmbătrânit, dar că această viață sexuală este altfel acum, dau dovadă de curaj. Dar despre ce este vorba, de fapt? De ce natură este această dorință pe care vârsta nu o șterge? Dorința de a simți trupul celuilalt, contactul senzual al pielii, feluritele mângâieri tandre iau acum locul teribilelor „orgasme" la care cuplurile erau constrânse de canoanele vremurilor. Bărbații și femeile în vârstă sunt foarte fericiți că au scăpat, în sfârșit, de tirania orgasmului! Fericite cuplurile care știu să inventeze o nouă sexualitate! Nu o sexualitate pe bază de Viagra și de jucării sexuale, ci bazată pe o erotică nouă, în care importante sunt „ființa unică", „cuibul", „contopirea", abandonul tandru și senzual din care nu este exclusă intimitatea corporală. O cufundare nemărginită în intimitate, cum ar spune François Julien.

Adevărată voluptate se descoperă doar după 60 de ani

Cum aș putea să nu împărtășesc cititorilor mei fascinanta mărturisire a Machei Méril? În ochii mei, Macha a fost întotdeauna o femeie inteligentă și liberă, iar felul ei de a povesti despre sexualitatea sa în cărțile pe care le-a scris[1] îmi place foarte mult. Vorbește despre acest subiect sănătos și cu umor, lăsând impresia că se simte foarte lejer. Mai mult, reușește ceva rar întâlnit: să vorbească despre sex cu o *pudoare impudică*. Iertați-mi acest oximoron, dar cred că i se potrivește foarte bine. Îmi place și faptul că vorbește despre sexul ei ca despre o persoană, cu autonomie, rețineri

---

[1] În special în *Biographie d'un sexe ordinaire* („Biografia sexului obișnuit"), Albin Michel, 2003. (*n. a*)

sau avânturi pe care ea nu reușește întotdeauna să le înțeleagă, care are chef să facă grevă exact în momente în care ea și-ar dori să fie mai prezent și să colaboreze. Dar nu, sexul ei nu este de acord cu toate alegerile pe care ea le face!

Când am aflat din presă că a întâlnit un bărbat de 82 de ani și că vor să se căsătorească, mi-am făcut curaj și am contactat-o: „Ești o femeie care emană o bucurie de a trăi și o senzualitate ce sunt un stimulent și o încurajare pentru celelalte femei ale generației noastre să nu renunțe la dragoste", i-am scris eu cerându-i o mărturisire. Ea a acceptat imediat, chiar cu bucurie.

Și iat-o șezând în fața mea, într-o rochie scurtă, colorată, cu colanți multicolori, spumoasă, tonică. I-ai da cu ușurință cu zece ani mai puțin, lucru de care este și ea conștientă. Știe că toată lumea se miră când spune că are 73 de ani, aproape 74. Și fără niciun lifting! A făcut o terapie de substituție hormonală (TSH)[1] care îi dă un surplus de energie și care menține, așa cum declară ea însăși, tonusul pielii și suplețea articulațiilor; o terapie „pe care toate femeile ar trebui să o facă", după cum afirmă, chiar dacă nu toți medicii sunt de acord cu ea din motive prea puțin justificate, în opinia ei.

Macha Méril este o femeie împlinită, îndrăgostită de un bărbat de 82 de ani, cu care este gata să se căsătorească,

---

[1] *TSH*-ul (Terapia de Substituție Hormonală) este subiectul unei polemici. Numeroși ginecologi își îndeamnă pacientele să renunțe la ea, temându-se de riscul cancerului la sân; alții însă consideră că aceste riscuri nu sunt atât de mari cum se crede și atrag atenția asupra faptului că studiile americane care susțin apariția acestui risc au fost făcute pe femei obeze, ceea ce schimbă fundamental datele problemei. (*n. a*)

Michel Legrand, celebrul compozitor. S-au întâlnit acum 40 de ani la Rio de Janeiro, în timpul unui festival de jazz, dar în acel moment amândoi erau căsătoriți cu alte persoane. Deși îndrăgostiți unul de celălalt, nu au dat curs acestei întâlniri. S-au reîntâlnit în noiembrie 2013 și, fiind singuri și unul, și celălalt, nu s-au mai despărțit.

Mi se pare frumoasă și îi spun acest lucru. „O femeie este frumoasă când se iubește pe sine.", îmi răspunde, „Și când se iubește, este dorită". În asta constă totul, pare ea să sugereze fără ezitare. Care este imaginea pe care femeile în vârstă o au despre ele însele? Când te simți bine în interior, când ai grijă de tine, de sănătatea ta, de starea ta fizică, atunci când te întreții atât fizic, cât și spiritual, când rămâi iubitoare, deschisă către ceilalți, veselă, curioasă și când nu te lași copleșită de efectele timpului asupra trupului tău, atunci rămâi atrăgătoare. Mai mult, corpul nu este disociat de persoană, ci, dimpotrivă, este una cu persoana, cu farmecul, cu spiritul, cu bucuria sa de a trăi și de a fi atrăgător.

Vorbim despre această primă condiție: să ai o părere bună și frumoasă despre sine. Acest lucru este valabil și la tinerețe, și cu atât mai mult la bătrânețe. Nu este vorba despre narcisism, despre o preocupare excesivă pentru sine și pentru felul în care arăți. Dimpotrivă, o perspectivă narcisistă face să fii deschis către ceilalți. Stima de sine este un piedestal de pe care te poți îndrepta către ceilalți sau, dimpotrivă, de pe care poți să-i întâmpini.

Macha Méril îmi spune că este atentă la ce mănâncă și are grijă de corpul ei „de plăcere, ca să se simtă mai bine, mai senzuală, mai puternică". Face gimnastică pentru că, „odată cu vârsta, corpul se deteriorează", dar crede despre ea „că are riduri drăguțe". „Ca și tine!" îmi spune ea, lucru care îmi face plăcere.

Macha îmi explică că „este preocupată" de bătrânețea ei. „Vreau să văd cum îmbătrânesc. Sunt curioasă să văd cum mă voi transforma. Nicio zi nu seamănă cu cealaltă. Faptul că știi că ești iubit este extraordinar, ți se citește pe chip! Nu ai remarcat că după ce faci dragoste pari mai tânăr?"

Îmi amintește apoi că într-una din cărțile sale[1] povestește despre o femeie care tocmai făcuse dragoste cu un expert în arta dragostei, cu un cuceritor, cu un bărbat care făcea dragoste cu toate femeile pe care le întâlnea. Contrariată, se întreabă cum a putut să facă asta și se privește în oglindă, dar rămâne stupefiată de ceea ce vede. Ea, care nu era o mare frumusețe, iradiază acum, este magnifică. „Nu crezi că actul sexual ne face mai frumoase?"

Dacă prima condiție pentru a fi atrăgătoare după 60 de ani este să ai o părere bună despre tine, a doua, spune Macha, este capacitatea de a te dărui cu totul în timpul actului sexual sau într-o relație de dragoste. Trebuie să te simți bine în pielea ta pentru a te putea dărui celuilalt cu încredere. Pătrundem astfel în „taina amorurilor târzii", cele în care nu mai ai mare lucru de demonstrat, în care o mare parte dintre obiectivele pe care ți le-ai propus sunt depășite, în care te simți, în sfârșit, eliberat! Eliberat de sine, de timp, de alegerea plăcerilor și a oamenilor cu care ai chef să trăiești.

---

[1] *Si je vous disais* („Dacă ți-aș fi spus..."), Albin Michel, 2004. (*n. a*)

De aceea, spune ea, „adevărata bucurie de a trăi nu o descoperi decât după 60 de ani".

Înainte de a-l cunoaște pe Michel, Macha a avut două sau trei aventuri tumultuoase, care au durat în jur de șapte ani fiecare. La sfârșitul ultimei legături, și-a spus: nu fac alegerile potrivite. Asta este foarte rău! Și și-a propus să rămână singură o vreme. A descoperit astfel că statutul de femeie independentă, care își câștigă singură traiul, care trăiește singură, nu este așa de neplăcut. „Probabil de vină este trecutul meu marxist, dar niciodată nu am suportat să fiu întreținută de un bărbat. Cred că independența economică este esențială pentru ca o femeie să aibă dreptul la replică. Așadar, în această stare confortabilă mă aflam când l-am întâlnit pe Michel. Și acest lucru i-a plăcut!"

„Cred că nu ne-am fi apropiat unul de celălalt dacă el ar fi știut că am pe cineva. Nici dacă eu aș fi știut că are pe cineva. Nu sunt o hoață. Să fur bărbatul altei femei este de neconceput pentru mine. Viața în doi este un lucru foarte complicat. Cred că soarta a făcut ca în acel moment amândoi să fim singuri."

Și Michel era singur, pentru că tocmai se despărțise de partenera sa, „o harpistă cu care avea în comun pasiunea pentru muzică", dar nimic altceva; relația lor fusese, după spusele Machei, furtunoasă. Era și motivul pentru care el îi pusese capăt.

Cum s-au reîntâlnit? Macha spune că a avut emoții. A aflat curând că Michel avusese probleme mari de sănătate, că le depășise și că acum era bine. Au hotărât să petreacă împreună o săptămână și, din prima seară, Macha și-a dat seama că erau făcuți unul pentru celălalt: „A fost fantastic. Eram copleșită. Toate neliniștile mele s-au risipit repede." Relația s-a înfiripat simplu, natural, cu un iz de camaraderie și de umor care le-a permis să depășească „slăbiciunile și secvențele estetice mai puțin plăcute." S-au amuzat din plin, spune Macha, căreia îi place să râdă pentru că râsul deschide porți și arată că viața este un joc pe care nu trebuie să-l iei prea în serios, chiar dacă în realitate chiar o facem. Ce oximoron nostim!

A doua zi, Michel i-a spus: „Vreau să mă căsătoresc cu tine." Machei i-a plăcut această putere de decizie, plină de masculinitate. „A avut puterea, înaintea mea, să vadă că relația noastră are un viitor. A fost primul care a văzut. Asta înseamnă masculinitate, să te ocupi serios de o situație." Simt admirația pe care Macha o are față de acest om care, în urmă cu 50 de ani când s-au întâlnit pentru prima oară, nu a vrut ca ei „să-și distrugă viețile", dar care, văzându-i fotografia pe invitația pe care i-a trimis-o la piesa ei de teatru, a fost „capabil să vadă situația de la înălțime" și să se implice.

„Această intuiție a lui m-a făcut încrezătoare. Și îmi dă posibilitatea să fiu și să mă simt încă femeie."

Macha îmi mărturisește că trăiește „ceva incredibil".

Am citit în mai multe articole că satisfacția sexuală crește la femeile de peste 50 de ani, că după această vârstă plăcerea devine maximă, ba chiar că unele femei abia acum ajung să o descopere! Și iată că Macha Méril îmi confirmă această părere:

„Niciodată nu m-am simțit atât de bine și nu am trăit o satisfacție atât de profundă." Și i se spune: „Dar ai avut atâtea relații, cu atâția bărbați!" Aceste trăiri nu au însă nimic de-a face cu faptul de a fi avut sau nu mulți amanți, „este o problemă de renunțare!" Trebuie să înveți să nu ai așteptări și atunci ceea ce se întâmplă depășește așteptările. Asta este extraordinar. Am fost de multe ori atacată pentru ceea ce am scris referitor la sexualitate, că ar fi un joc ce denotă o formă de independență sau de emancipare. Dar nu este deloc așa! Nu-mi pasă deloc de emancipare. Nu dau două parale pe ea! Este vorba doar de plăcere, de o evoluție, o transfigurare a plăcerii."

Dar această „adevărată plăcere" care survine după 60 de ani ce este?

„Este *plăcerea iubirii*, pentru că eu nu cred în sexul fără dragoste", continuă Macha. Plăcerea despre care vorbesc și care poate fi descoperită numai după 60 de ani îmbină trupul și sufletul cu spiritul. Este o întâlnire la cel mai înalt nivel între două ființe care sunt asemănătoare și care sunt îndrăgostite una de cealaltă. Se spunea adesea că în dragoste trebuie să ne completăm reciproc, dar eu nu cred asta. Acest lucru poate fi valabil pentru viața conjugală, dar nu pentru o comuniune erotică intimă. Căci aceasta din urmă cere să ai aceeași viziune asupra obiectivelor și valorilor. Atunci când există prea multe diferențe în acest mod de a privi lucrurile, la început pare fascinant, dar în timp lucrurile nu funcționează!"

Să ne întoarcem la starea de plăcere: ce o caracterizează?

„Nu ne propunem să atingem un obiectiv, orgasmul spre exemplu. Că se întâmplă sau nu, chiar nu are mare importanță. Mă calcă pe nervi discuțiile din presă referitoare la lungimea penisului, la erecții și orgasme. De unde toate aceste obsesii? Nu de aici vine plăcerea. Există mii de feluri de a cunoaște plăcerea, dintre cele mai profunde."

Macha îmi povestește că ea și Michel fac dragoste în general după ce au o conversație. Ea constată: „Adesea este vorba de dialoguri în care ajungem la aceeași concluzie sau descoperim lucruri noi unul despre celălalt. Eu sunt cea care găsește cuvintele, el – cel care pledează. Este atât de fascinant; aș zice că facem dragoste vorbind, și actul sexual propriu-zis vine de la sine. Este ca și când ne-am cufunda unul în celălalt, dar nu doar prin sex, prin întregul nostru corp, ci prin *ideea de a face dragoste*. Am devenit astfel o persoană „pluriorgasmică". Juisez tot timpul, de la început până la sfârșit, cu excelente momente de maximum. Nu se aseamănă cu nimic din ce am trăit până acum. Mergem până foarte departe."

Încerc să reformulez cele spuse de Macha: „Spui că această predispoziție către dragoste determină faptul de a face dragoste permanent, fie că sunteți la masă, fie că sunteți în pat. Este totul erotizat acum? Faptul că simți că ești iubit *te poartă atât de departe*? Este o întrebare."

Acest „foarte departe" pe care îl evocă Macha îmi aduce aminte de acel „undeva" despre care vorbește Jean-Luc Nancy în cartea sa despre plăcere[1]. „Este o dorință de a ieși din sine. Acest lucru îl simțiți?", o întreb pe Macha.

„Corpurile noastre devin imponderale", îmi răspunde ea; „ne eliberăm de tot ce este material, totul devine aproape

---

[1] Jean-Luc Nancy, *La Jouissance* („Orgasmul"), Plon, 2014. (*n. a.*)

abstract. Ne situăm într-un alt univers, în care nimic nu ne amintește de trup, nici măcar transpirația, nici altceva, avem o imensă toleranță față de ființa noastră carnală și față de a celuilalt. Ne sustragem obiectivității corpului și ne plasăm în senzorial. Ne privim în ochi, fără însă a ne evalua. În tinerețe, privirea este evaluatoare, pentru că simțim nevoia de a ni se confirma părerea pe care o avem despre noi, dar la vârsta noastră! Mai mult, nu este vorba despre o noapte de dragoste și încă o noapte de dragoste. Este un discurs continuu, căruia sunt foarte curioasă să îi aflu continuarea. Nu vorbim despre capitole, ci despre o istorie uriașă care se petrece sub ochii noștri, extrem de senzuală și întotdeauna alta!"

Ceea ce este copleșitor pentru Macha este impresia că se contopește cu Michel, că ea și Michel sunt una. „Suntem două persoane într-una; din momentul în care începem să facem dragoste până când ne oprim, nu mă simt singură, mă scufund în el, și el în mine. Sunt o părticică din el, suntem o entitate. Este aici o foarte, foarte mare taină! Ating culmi ale plăcerii și uneori am impresia că levitez."

Macha îl citează pe Teilhard de Chardin[1] și posibilitatea pe care o avem, în opinia acestuia, de a întrevedea ce am putem fi, dacă nu am fi făcuți din carne și oase.

Concluzia ei este: „Adevărata sexualitate este de natură spirituală. Corpul și spiritul sunt una". Când actul sexual este cu adevărat reușit, atingi inefabilul.

---

[1] *Pierre Teilhard de Chardin* a fost un iezuit francez, geolog, paleontolog, fizician, antropolog și teolog. A încercat să armonizeze teoria evoluționistă cu creștinismul. (*n. red.*)

„Aceasta este adevărata contopire. Pentru mine, nu există alta."

Ascultând-o pe Macha Méril vorbind despre dimensiunea spirituală a iubirii erotice, îmi aduc aminte de mărturia altei femei, citată de Régine Lemoine-Darthois și Élisabeth Weissman în *Un âge nommé désir* („O vârstă numită dorință").

„Când vorbesc despre spiritualitate în relația de dragoste, mă gândesc la două ființe, eu și el, cufundați într-o stare asemănătoare cu meditația, într-o neclintire totală, ca și când am fi conectați cu universul. Este o plăcere imensă, dar fără juisare, fără orgasm, doar fericirea de a fi. Ca și când l-ai întâlni pe Dumnezeu... Toată făptura noastră se deschide către celălalt și către întreaga lume.[1]"

Macha Méril este conștientă de faptul că distruge numeroase clișee? Ea construiește un tablou nou al acestei „noi sexualități", liber, impudic, conștient, un tablou despre care vorbea Robert Misrahi în legătură cu ce poți descoperi pe măsură ce înaintezi în vârstă. Este acest lucru specific maturității? „Da, îmi răspunde ea. Este vorba de o libertate nouă pentru că nu trebuie să mai dovedești cuiva ceva. Probabil că asta și aduce maturitatea: faptul că nu mai aștepți nimic, că nu mai ai obiective exacte, că te poți abandona fără reținere. Când ești tânăr, ideea de plăcere este tot timpul prezentă în noi; la aceasta se adaugă nesiguranța în propriile capacități, asupra drumului pe care vrem să-l urmăm, asupra părerii pe care am lăsat-o celuilalt despre noi... Sunt destul de sexy, sunt un amant / o amantă bun(ă)?" Macha îmi redă

---

[1] *Un âge nommé désir* („O vârstă numită dorință"), Albin Michel, 2006, p. 124. (*n. a.*)

conversația pe care a avut-o cu Nathalie Dessay. „Natalie a lăsat în urmă intenția de a deveni o bună cântăreață, și acum, eliberată de acest scop, cântă de plăcere. Este cam același lucru. Asta nu înseamnă că nu fac dragoste de plăcere, dar, pe când înainte această plăcere era străbătută de tot felul de temeri, acum este „distilată", deschisă tuturor posibilităților pe care sunt nespus de curioasă să le descopăr."

O ascult pe Macha vorbind despre această „deschidere către noutate" care este probabil singura cheie pentru a avea „o bătrânețe fericită".

Grație acestei „comuniuni a trupurilor și a sufletelor" care s-a produs între Macha și Michel ei vor să se căsătorească, și încă în biserică?

Macha îmi spune că nu este credincioasă, ba chiar este agnostică, dar că a fost botezată ortodox și o caracteristică a tradiției ortodoxe este muzica.

Oficierea căsătoriei se va face pe muzica a trei mari compozitori. Când i-a spus lui Michel că ar dori să se căsătorească în catedrala din strada Daru, i-a argumentat: „o slujbă religioasă ortodoxă este un concert. Ne căsătorim pentru muzică."

Macha îmi amintește un lucru pe care îl știam deja, acela că în ortodoxie ai dreptul să greșești. Poți să te căsătorești de trei ori. „A doua oară, cum este cazul ei, te poți îmbrăca în alb. Dacă însă te căsătorești a treia oară, te îmbraci în negru." Pentru că Michel a divorțat de două ori, are voie să se căsătorească religios numai dacă trece la ortodoxie. Lucru cu care Michel a fost de acord, din dragoste pentru ea.

„Este un lux pe care dorim să ni-l oferim", își spune Macha Méril ca o concluzie. Au luat decizia de a se căsători religios pentru că această căsătorie nu este un act social. Nu se căsătoresc în fața societății, dar vor să spună lumii că în viață există surprize și că își iau angajamentul unul față de celălalt să pornească împreună pe cărarea unei vieți noi și a unei iubiri veșnice.

„Sper că vom descoperi adevăratul sens al căsătoriei persoanelor vârstnice, o căsătorie inutilă și fericită."

Macha este conștientă că acest mariaj îi deranjează pe anumiți oameni într-o lume în care căsătoria nu mai are sens sau are sens doar pentru tinerii care vor să-și întemeieze o căsnicie și pentru homosexuali. Căsătoria lor iese din tiparele a ceea ce este comun, mai ales că toți copiii lor sunt de acord și „iau parte efectiv" la ea.

„La urma urmei, încercăm să dăm o formă dorinței noastre. Nu este normal pentru doi creatori ca noi?"

O sexualitate împlinită și liniștită

Să nu credeți că numai femeile împărtășesc ideea unei „altfel de sexualități" ce „înfrumusețează vârsta a treia" și despre care vorbește Robert Misrahi. Ar fi o greșeală să rămânem cu această impresie pentru că și bărbații o ating, cel mai adesea grație femeilor, după cum vom vedea în mărturisirile ce urmează.

Régis este jurnalist. Trăiește de mai mult timp o viață dublă, lucru care nu-l deranjează. Căsătorit, tată a patru copii, având mai mulți nepoți, nu a vrut nicio clipă să strice această viață de familie pe care a construit-o de-a lungul timpului. Dar în adâncul sufletului este veșnic îndrăgostit,

„un îndrăgostit de la natură", după cum spune chiar el. Nu poate trăi fără ca făptura lui să nu vibreze.

„Întotdeauna am fost îndrăgostit şi pentru mine mereu a fost important lucrul acesta. Incandescenţa şi zbuciumul, iubirile arzătoare, cu o doză de risc, au fost mereu importante pentru că nu aveam încredere în mine. Multă vreme am fost mistuit de flacăra pasiunilor trecătoare." La vârsta de 40 de ani a întâlnit o femeie de care nu era foarte îndrăgostit, dar care-l iubea. Relaţia a durat cinci ani. „Ea m-a făcut să descopăr că poţi face dragoste ore întregi." Prietenul meu ziarist mi-a spus că această relaţie i-a dat încredere în el: „Această legătură a potolit ceva în mine." Zece ani mai târziu a întâlnit o femeie de care s-a îndrăgostit cu adevărat. „Când făceam dragoste, ne priveam în ochi. Mi-am dat seama că niciodată nu mai făcusem asta. Am descoperit, aşadar, târziu, această cufundare în sufletul celuilalt în timpul actului sexual."

Pentru prima dată a încercat să joace jocul transparenţei totale cu soţia lui, dar a declanşat un adevărat război. „Am încercat să le fac să se întâlnească pe soţia şi pe amanta mea. Acum îmi dau seama că a fost un şoc pentru amândouă." Régis era convins că această onestitate era un semn de maturitate, dar s-a înşelat. Urmarea a fost că soţia lui l-a înşelat, iar el nu a putut să suporte acest lucru pe care la rândul său îl făcea de ani de zile. „Am devenit foarte gelos şi am intrat într-o depresie cumplită." După tratamente psihotrope şi terapii îndelungate, cu o soţie care îl înşală şi acum, fără să se gândească să-l părăsească, a ajuns la vârsta de 60 de ani şi se simte înfrânt.

Într-o bună zi, soția sa i-a mărturisit că va rămâne cu el, dar că nu mai vrea să audă de aventurile lui. Nu mai era îndrăgostită de el, iar sexul cu acesta nu o mai interesa de mult timp, dar era caldă, afectuoasă și mai era vorba și de copii, de nepoți...

Régis s-a simțit penibil, aproape obligat să-și rezolve problemele sexuale la voia întâmplării. Profită de această discuție să-mi spună că femeile sunt singurele vinovate de infidelitatea bărbaților: „Când stai lângă un bloc de gheață, cine este adevăratul infidel? Tu care-ți găsești alte partenere sau ea care te refuză ani la rând?"

Prietenul meu ziarist s-a reîntors la vechile lui obiceiuri de a cuceri și de a se lăsa cucerit. Când le spune femeilor că este căsătorit, acestea se miră sincer: „Da?! Nu pari."

De-a lungul timpului a avut mai multe relații, dar toate femeile din viața lui au rupt legătura cu el pentru că, spune acesta, „femeile, oricât de libere ar fi, tot vor să se căsătorească". Este fericit în situația dată? Nu tocmai, mărturisește Régis, pentru că au trecut pe lângă el ocazii de care nu a știut să profite și pentru că minciuna a sfârșit prin a șubrezi relația cu soția lui pe care credea că o menajează.

Acum doi ani a întâlnit o femeie cu zece ani mai tânără cu care trăiește ceva unic pentru el.

„Prima dată am petrecut trei zile împreună, dar am fost „mort". Nu s-a întâmplat nimic și nu-mi venea să cred că ea accepta situația. Mi se mai întâmplase și altădată și, în general, femeile erau drăguțe, spunându-mi că nu e grav, dar totuși era vorba de trei nopți la rând!" De fapt, femeia nu concepea să petreacă trei nopți cu un bărbat fără să se întâmple ceva. Avea impresia că nu este dorită. „Şi în sfârşit, în a patra noapte s-a întâmplat!" Lucrurile s-au legat şi au început să se vadă cu regularitate.

La sfârşitul primului an s-a produs o minune. „Dintr-odată, am văzut-o, am văzut ce frumoasă e. Nu frumuseţea ei efectivă, ci un alt fel de frumuseţe, o lumină care i se citea pe chip. Atunci am avut primul şoc şi am întrevăzut toate problemele pe care această descoperire le aducea cu sine. Mi-am spus că nu vreau să-mi dau din nou toată viaţa peste cap. Ea devenise deodată arhetipul femeii totale."

Dintr-odată, Régis începe să vorbească la prezent şi înţeleg că povestea pe care mi-o relatează este actuală: „Fiecare gest pe care îl face împlineşte o dorinţă a mea, fiecare cuvânt pe care îl rosteşte mă face să mă simt tot mai bărbat. Nu am trăit niciodată o asemenea armonie cu cineva!"

După un an, şi-a recăpătat forţele pierdute: „Pot să fac dragoste de mai multe ori pe zi. Nu are nicio legătură cu consumul de afrodisiace sau de ginseng! Este vorba de o comuniune sufletească. Când ne întâlnim este incredibil! Suntem atât de legaţi unul de celălalt, avem atâta încredere, încât erecţia nu mai este o problemă. Putem să facem o mulţime de lucruri în timpul zilei, atunci când vrem să facem dragoste; se întâmplă pur şi simplu, fără niciun stimulent! Simt că ard şi că mă topesc în acelaşi timp. Una dintre prietenele mele căreia îi spuneam că am o relaţie erotică şi calmă în acelaşi timp mi-a spus: «Atunci ai găsit-o pe *shakti*[1] a ta!» Probabil că aşa este. Mi se pare că am ajuns la o sexualitate

---

[1] *Shakti* – puterea feminină creatoare, în hinduism. (*n. a.*)

desăvârșită, mai puțin sălbatică. Să intri în asemenea măsură în rezonanță cu celălalt, să trăiești o astfel de întâlnire a sufletelor reprezintă o nouă artă de a iubi. După 60 de ani, multitudinea de piese ale puzzle-ului amoros se așază și astfel se trece la o etapă superioară. Este extraordinar." Atâta doar că, dincolo de această armonie erotică, realitatea cotidiană este greu de asumat.

Pentru că și această femeie vrea să-și asigure un viitor. Încă de la început el a jucat cu cărțile pe masă, spunând că este căsătorit, iar răspunsul ei a fost că nu are importanță. „Nu este așa grav", spunea ea mereu, gata să trăiască ce îi oferea relația. Apoi sentimentele au devenit mai profunde și de o parte, și de alta, iar ea a început să regrete că nu pot construi ceva. În viziunea ei, „nu ajungeau nicăieri, era degeaba". El a încercat să discute direct despre această dorință a ei de a construi ceva: „Ce să construim la vârsta noastră?" Când avem atâtea obligații, nici când avem o baghetă magică nu vedem ce se poate construi cu ea.

„Pentru mine, important este prezentul și ceea ce trăiesc în prezent – o seară reușită, o noapte de dragoste, asta îmi ajung. Nu vreau mai mult."

„Am ajuns la un asemenea nivel al senzațiilor și aș vrea ca totul să se oprească aici. Dacă dragostea noastră nu este mai presus de tot, este din cauza ta.", i-a reproșat ea.

„Este un dezacord între noi. Ea crede că în afară de dragostea noastră nu trebuie să mai conteze nimic. Restul poate să nu existe. Este o tigroaică, care face uneori scene îngrozitoare. Nu înțelege că ceea ce se întâmplă între noi este înrădăcinat în mine pentru totdeauna. Nu reușesc să o fac să înțeleagă că pentru mine soția și această relație veche care ne leagă constituie un fel de etalon. Ar trebui să înțeleagă că sunt fidel oamenilor și lucrurilor care contează pentru mine."

Régis îmi spune că uneori viața i se pare un iad, dat fiind că trebuie să se împartă între două femei care îl pun în situații imposibile.

Din moment ce este bigam, din moment ce ține și la numeroasa lui familie și la *shakti* a sa, de ce nu s-ar comporta ca „un șef de trib"? l-am întrebat. Ar trebui să te impui și să decizi cum îți împarți timpul între una și cealaltă, să stabilești reguli pe care ele să le respecte." Régis pare să creadă că este o idee bună, dar nu știu ce va decide până la urmă.

Mărturia acestui om pleacă de la un context complet diferit de cel pe care l-am descoperit prin Macha Méril. Totuși, cele două povești au un punct comun: descoperirea după vârsta de 60 de ani a unei sexualități diferite, mai puțin vulcanice și mai mature.

Un univers erotic împărtășit

Am un prieten cercetător pe care îl îndrăgesc foarte mult. Face parte din categoria marilor cuceritori, fiind un bărbat frumos, cu buze senzuale, cu o privire masculină pe un chip angelic. Deși căsătorit de mulți ani, foarte atașat de mama copiilor săi, Folco a avut dintotdeauna relații paralele cu femei mult mai tinere decât el. De ce? Este întrebarea pe care mi-am promis de mai mult timp că i-o voi pune. Dar iată că acum un an, în timpul unui congres, a întâlnit o femeie, pe Marie, puțin mai în vârstă decât el, cu care trăiește o frumoasă poveste de dragoste; o poveste care îl apasă, după cum îmi mărturisește. A fost o întâlnire de priviri și de idei în timpul acelei dimineți de lucru, un interes reciproc pentru ceea ce gândea celălalt; au dorit să se revadă, și-au spus asta pe e-mail și s-au reîntâlnit, foarte firesc, la o cafea. Îi străbătea un fior, o fascinație reciprocă evidentă, o tulburare plăcută. Ea avea foarte mult farmec și el a știut de îndată că vrea să aibă o relație cu ea. Au vorbit puțin despre viața lor privată. Își imagina că este căsătorită sau că are pe cineva; de aceea s-a mirat când a aflat că este singură. Drept urmare a decis să fie de la început deschis și i-a spus că el nu este singur și că nici nu intenționează să divorțeze. Dar atunci când avea o relație, întotdeauna a găsit timp pentru escapade amoroase. Din capul locului, Folco a vrut să o informeze că este un tip plin de contradicții, foarte complex, dar nu pervers. Îl va accepta ea oare așa cum este?

Era aproape o provocare pentru această femeie singură, de 68 de ani, aflată mai degrabă în căutarea unei relații de camaraderie decât a unei relații de dragoste secrete, cu toate frustrările pe care aceasta le poate aduce. Deși ar fi preferat de departe o relație transparentă și în văzul tuturor, ea s-a lăsat antrenată, încetul cu încetul, în aventura pe care el i-a propus-o, în ciuda sentimentului de teamă la gândul că o relație cu un bărbat căsătorit poate implica o serie de „pericole".

Dar atracția pe care o simțea pentru el era atât de puternică și de stranie, încât a considerat că merită riscul. Fără îndoială că și ea simțise potențialul erotic al acestei întâlniri. Ca urmare, i-a scris că făcea această alegere în cunoștință de cauză și că nu era prima oară când neprevăzutul unei întâlniri o punea în această poziție tulburătoare, dificilă, nesigură între dorință și împlinirea ei. Avea încredere, spunea ea, în capacitatea sa de a se descurca cu lucrurile complicate, de a le traversa cufundându-se în ele. Nu putea să facă altceva decât să nu cedeze în fața dorinței, lăsându-se totuși atrasă de restul evenimentelor, cu alte cuvinte să cedeze în fața torturii pe deplin conștientă.

Și astfel, ea s-a lăsat purtată de dorință. Căci era evident că dorința era vie între ei și foarte repede această dorință s-a transformat în dragoste.

Când Folco mi-a povestit despre această aventură, mărturisesc că eram convinsă că nu avea să dureze. Se vor plictisi repede unul de celălalt, mi-am spus eu. De fiecare dată când ne auzeam la telefon, mă interesam de relația lui. La început, s-a speriat puțin de intensitatea sentimentelor pe care le nutreau unul pentru altul; s-a temut și să nu se arunce într-o „nebunie" care să se sfârșească rău pentru amândoi. De fapt, ajunseseră să se vadă destul de des și chiar să petreacă câteva zile împreună pe ici, pe colo. De fiecare dată se întorcea foarte fericit pentru că, în spațiul restrâns al legăturii lor, avea sentimentul că îi face bine acestei femei și, implicit, sieși. Categoric, era o legătură de calitate, în care erotismul avea un rol central. L-a impresionat în mod deosebit modul în care au intrat imediat și absolut normal unul în intimitatea celuilalt, deși erau practic niște necunoscuți. Acum făceau dragoste ore întregi, pe îndelete, uneori tandru, alteori cu pasiune, conștienți amândoi de ce li se întâmplă. Trebuie să spun că această mărturisire m-a impresionat.

De aceea, într-o zi, povestindu-i despre cartea mea ce avea ca subiect dragostea după 60 de ani, l-am întrebat dacă ar fi de acord să-mi ofere o mărturisire pe care să o includ în forma finală a acestui volum. El care fusese întotdeauna atras de femei mai tinere decât el cum de se lăsase prins în mrejele acestei femei mai în vârstă? Aş fi vrut să ne povestească cu propriile cuvinte, mie şi cititorilor mei, ce îi adusese această relaţie afectivă.

De ce trebuie să ne raportăm mereu la vârstă? Este ştiut faptul că bărbaţii, pe măsură ce îmbătrânesc, nu mai sunt atraşi de partenerele lor şi îşi caută tovarăşe mai tinere. Explicaţia este simplă – trebuie să se simtă încă potenţi, deoarece tinereţea este sinonimă cu potenţa sexuală, iar aceste relaţii funcţionează ca un fel de oglindă narcisistă. Folco îmi atrage atenţia că această căutare a unei persoane mai tinere este valabilă pentru ambele sexe. Vedem femei cu o vârstă respectabilă, atrase de bărbaţi cu mult mai tineri din aceleaşi motive. Pe scurt, „devoratoarele (de bărbaţi)" nu sunt prea bine văzute în societate şi faptul că sunt numite astfel este un lucru semnificativ. De fapt, căutând o persoană mai tânără, încercăm să ne simţim noi înşine mai tineri. „Este pasionant", spune el. „Redescoperim tăria sentimentelor şi ne facem iluzii pe care vârsta ni le-ar putea interzice. Eu nu am renunţat niciodată să trăiesc cu intensitate, dar acum sunt pe cale să descopăr că pot avea aceleaşi trăiri şi alături de o femeie mai în vârstă decât mine. Şi acest lucru se întâmplă pentru că ea *este* tânără; este vorba despre o tinereţe care nu are nimic de-a face cu vârsta."

Această *tinerețe interioară*, asociată cu o anumită maturitate, are chiar un farmec anume. Să faci dragoste cu o femeie din generația ta are avantajul că nu te poți confrunta cu solicitări cărora nu le poți face față. Nu este vorba de solicitări sexuale, cât de solicitări ce decurg din viața cotidiană, precum dorința de a avea copii și de altele asemenea care nu se mai potrivesc cu ceea ce ai avea chef să trăiești la 60 de ani. Folco cunoaște bărbați de vârsta lui care „și-au refăcut viața", cum se spune, și care au copii de 6 sau 7 ani cu o femeie mai tânără decât ei. „Ce observ la ei este faptul că, deși par a fi fericiți, sunt robii dorințelor soțiilor lor mai tinere și trăiesc pentru a alimenta aceste dorințe. Cred că acesta este „prețul pe care trebuie să-l plătească". Dorința lor este cumva hibridă."

Femeile care nu-și doresc copii manifestă o altfel de dorință; ca urmare, plăcerea este necondiționată, liberă, mai ales în cazul acelor femei care nu așteaptă ceva anume de la o relație, cum ar fi căsătoria. Dacă femeia își manifestă doar dorința, continuă Folco, „dacă dorește să exploreze complexitatea acesteia alături de un bărbat, și doar atât, atunci ne aflăm în fața unei situații „ideale" – și poate, extrem de rare."

Folco simte că ceea ce trăiește el acum este tocmai această situație „ideală", privind din perspectivă erotică. „Sunt fascinat de inteligența ei erotică", îmi spune el. A întâlnit o femeie extrem de senzuală, și această întâlnire a propriilor lor senzualități inventează un joc erotic nesfârșit. „De fiecare dată când am atins momente maxime de plăcere, partenera mea se dăruia absolut și astfel îmi dădea posibilitatea să-i ofer și ei aceleași senzații. Este vorba de dialectică, de fapt:

să te abandonezi înseamnă să dai, primind în același timp, să dai pentru că primești simultan, nu ulterior. Este vorba de un echilibru fragil, care se construiește în doi și care presupune să știi când să lași și, în același timp, paradoxal, să ai grijă să o faci".

Folco îmi povestește apoi despre aceste senzații care se aseamănă, în viziunea lui, cu surfingul – plăcerea și mulțumirea pe care le resimte la finalul actului sexual de a se abține de a ejacula, dar și plăcerea pe care i-o provoacă orgasmul Mariei, care se lasă cu totul în voia lui. „E ca și când simțurile mele sunt exacerbate, ca și când trupul meu devine o placă sensibilă în care se repercutează fiecare mișcare făcută de trupul ei de femeie supusă mișcărilor mele accelerate, cu riscul mereu prezent de a-i produce un orgasm și cu plăcerea nesfârșită pe care o resimt atunci când îmi dau seama că nu s-a produs și că, în sfârșit, momentul nostru de maximă plăcere coincide pentru că este, de fapt, unul singur, unul și același, pentru că noi doi, împreună, l-am provocat. Acest corp, *corpul nostru*, este efectul acestei contopiri. Și atunci mă întreb la ce vârstă poți avea astfel de senzații? Poate o anume formă de sedimentare a senzualității ne oferă încrederea de a merge mai departe și, desigur, întâlnirea cu persoana potrivită." Această acumulare de senzualitate se obține în timp, pe măsură ce avansezi în vârstă, spune Folco. El crede că tot vârsta este cea care-l face să nu se grăbească, îi permite să facă lucrurile pe îndelete și chiar să facă anumite lucruri până atunci inaccesibile din cauza vieții prea accelerate. Intensitatea afectivă, intensitatea sentimentelor și a senzațiilor nu sunt deci proprii tinereții. Poate că acum va înțelege acest lucru, analizând relația lui cu Marie. Dimpotrivă. „Este o experiență extrem de tulburătoare". „De fapt – spune Folco –, cred că pe măsură ce îmbătrânim facem dragoste din ce în ce mai bine, cu condiția să fi fost dintotdeauna deschiși către acest gen de experiență care presupune o anumită predispoziție către celălalt, o curiozitate pentru ființa lui și o anume nevoie de dragoste. Dacă nu ai acest bagaj, nu poți îmbogăți experiența pe care o ai. Relația de dragoste este, de fapt, profund etică. Intimitatea cu celălalt este atât de tulburătoare, încât de fiecare dată când facem dragoste prima dată cu cineva este ca și când o facem pentru prima oară în viață."

Întâia dată când au făcut dragoste, îmi povestește Folco, a fost intimidat. I-a fost teamă că dorința îi va fi amenințată de întâlnirea cu un trup nou, necunoscut până atunci. Îi va rămâne dorința vie până la sfârșit? Se temea ca dorința lui să nu dispară, și ea să fie decepționată. Nu avea nicio garanție că lucrurile vor merge bine, nici afectiv, dar nici sexual. „De altfel, sexul meu îmi făcea probleme pe vremea aceea. Era când erect, când flasc. În fața acestei necunoscute, aveam toate motivele să fiu îngrijorat. Nu știam la ce se așteapta, dacă avea anumite dorințe, dacă posedam acel tip de virilitate pe care îl dorea. Își dorea un bărbat puțin brutal sau dimpotrivă? În fine, toate aceste idei și întrebări se îngrămădeau în mintea mea și se interpuneau între noi doi ca un văl transparent prin care o descopeream treptat. Nu știu dacă prima dată a avut orgasm, dar știu că a acceptat toate mângâierile mele și că a primit cu plăcere sărutările mele. Am simțit o adevărată supunere din partea ei, am simțit și plăcere, ceea ce m-a încurajat, deși am crezut că este puțin cam „autoritară" pentru că mi-a cerut la un moment dat să nu mă mișc, declarându-mi fără ezitare că este „o femeie tantrică".

În acest moment al relatării lui Folco mi-am promis să o întâlnesc pe Marie pentru a-i smulge o mărturisire despre tipul de orgasm pe care l-a numit fără ezitare „tantrism".

„Am început să facem dragoste lent", a continuat Folco. „O penetram ușor și rămâneam nemișcat, apoi mă legănam ușor, lucru care îi plăcea Mariei. A doua oară nu mi-a mai fost frică, dar aveam încă o urmă de neliniște. De această dată m-am mișcat mai mult, dar ea mi-a spus că îi place și asta." Folco a înțeles că Mariei îi plăceau toate felurile de a face dragoste. Nu avea inhibiții. „Și atunci am început să concep UN TRUP AL NOSTRU. Nu am hotărât asta în mod conștient, desigur, dar am întrevăzut înfiripându-se această idee în mine în timp ce mi-o doream. Am înțeles repede că am lângă mine o femeie extrem de senzuală, dar, în același timp, extrem de dornică de dragoste, care simte nevoia și are dorința de a iubi. Nu mă așteptam la așa ceva de la o femeie de vârsta ei."

Folco însuși credea – și acest lucru îi debusolează, în general, pe bărbați – că Marie avea anumite așteptări și că aștepta din partea lui ceva anume. Dar lucrurile nu stăteau chiar așa. Marie s-a dovedit deschisă la toate posibilitățile, atât erotic, cât și intelectual. „Foarte rar am întâlnit pe cineva atât de deschis la nou, dar care să țină în același timp la toate convingerile sale." Are un spirit foarte hotărât, îmi spune Folco, dar și foarte liber. „Trupurile noastre simt, vibrează la fel, am senzația că mă va urma orice aș face."

Oare vrea Folco să îmi spună mai mult? Sunt fascinată de povestea lui, de această sublimă întâlnire erotică la o vârstă la care atâția oameni par să creadă că nu se mai poate petrece nimic interesant. Îmi vine în minte povestea Machei Méril care mi-a mărturisit că la vârsta ei a ajuns să descopere tărâmuri erotice necunoscute.

Da, îmi spune Folco, se pare că Marie a cunoscut cu el senzații pe care nu le mai trăise cu nimeni înainte. Și oferindu-i șansa de a o purta atât de departe în lumea simțurilor, ea i-a oferit, la rândul ei, un univers fără limite. „Explorându-i corpul cu sexul, cu limba, cu mâinile, am simțit-o vibrând atât de profund, încât am trăit o experiență fizică și psihică necunoscute. Îmi amintesc o zi în care am avut senzația că nu ne vom mai putea opri. Orgasmele sale se înlănțuiau așa cum unii interpreți de jazz suflă în instrumentele lor fără oprire, astfel că muzica lor curge neîncetat, modulată doar de inspirațiile și expirațiile lor. Aveam o senzație atât de profundă, încât mi se făcuse frică."

Folco este conștient de faptul că plăcerea atât de profundă resimțită de femeie îi oferă bărbatului o satisfacție narcisistă, fiind măsura virilității sale. Dar ceea ce el îmi descrie depășește cu mult această etapă – parte componentă mai mult sau mai puțin importantă a plăcerii în stadiul său inițial, această satisfacție narcisistă dispare treptat în prezența erotismului împărtășit cu o astfel de intensitate.

Acest *univers erotic împărtășit* este, se pare, esența problemei spirituale a iubirii carnale. „Nu mai este vorba de sine, ci de „sine-altul" sau de un „altul + sine", altul *din* sine poate, deoarece abandonarea de sine nu este deplină, dar *ceva din sine* se avântă spre celălalt până la abandonarea aproape totală. Acestea sunt limitele între care se situează „aproape" și „nu pe de-a-ntregul" cu care jonglează această magie a plăcerii oferite și primite: oferită pentru că este primită și primită pentru că este oferită." Folco poate trăi această uitare de sine deoarece dăruirea Mariei este deplină, „entuziasmul său este uriaș, ca o invitație de a merge tot mai departe."

Folco îmi mărturisește că, de câteva ori, a atins o senzație aproape de transă mistică. „Înțeleg sensul cuvântului *spiritualitate*, care este exact reversul cuvântului *senzualitate*. Niciodată nu am făcut dragoste în acest fel. Cu toate acestea, am fost propulsat de câteva ori pe asemenea culmi ale orgasmului, încât aproape că am avut un sentiment de durere. Ajuns aici, am simțit o trăire cu totul nouă. *Înduram orgasmul împărtășit*, plăcerea de a oferi o satisfacere copleșitoare."

Așa cum se întâmplă în arta taoistă de a iubi, Folco constată că ejaculează foarte puțin, ceea ce este nou pentru el. „Acest lucru mă poartă într-o lume necunoscută, deși am o practică îndelungată în a mă „abține", practică ce îmi provoacă o enormă plăcere. Acum însă nu mai am nevoie să mă gândesc la a mă abține; mă concentrez în totalitate pe plăcere și pe faptul că vreau să-i ofer această senzație, lucru care mă transfigurează literalmente."

Mărturia lui Folco mă interesează din două motive. Pe de o parte pentru că este sublimă, iar pe de altă parte pentru că demonstrează faptul că o femeie trecută de 60 de ani poate purta un bărbat pe culmile orgasmului. Poate pentru motivul că, la vârsta sa, își poate manifesta din plin senzualitatea, se poate abandona în voie. Folco, care are o foarte mare experiență cu femei mai tinere ca el, spune că a fost surprins de Marie. „Nu așteaptă nimic de la celălalt: îl așteaptă pe *el* și tot *ceea ce el reprezintă*. Poate că reușește acest lucru pentru că a trecut prin toate experiențele vieții. Nu știu sigur, însă ceea ce este sigur e faptul că, fără această disponibilitate a ei specială, lucrurile nu ar merge atât de bine. Trupul filozofează pe măsură ce îmbătrânește? Știe mai bine ce i se potrivește și ce nu? Posibil, dar este nevoie să-l ascultăm; și doar experiențele erotice favorizează acest lucru."

Alegerea bucuriei ca mod de viață

Ajunsă în acest punct al călătoriei mele, am simțit nevoia să recitesc *La Joie d'amour* („Bucuria dragostei").

Cititorii mei își amintesc că i-am dedicat câteva rânduri lui Robert Misrahi[1] la începutul acestei cărți pentru că este un filozof în vârstă care vorbește din propria experiență. Vorbește despre el, despre ceea ce a trăit, despre ceea ce trăiește la vârsta lui înaintată[2].

Opiniile unei persoane de vârsta lui despre dragoste și dorință mi se par extrem de prețioase. Bucuria dragostei este un orizont posibil, pretențios, spre care aspiră, spune el, orice persoană care avansează în maturitatea dragostei. Pentru el dragostea este „una dintre mizele esențiale" în rațiunea de a fi și în viața unui om. Alegerea bucuriei ca mod de trai este de preferat oricărei alte forme de existență.

---

[1] Robert Misrahi, *La Joie d'amour. Pour une érotique du bonheur* („Bucuria dragostei. Pentru o erotică a fericirii"), Editura Autrement, 2014. (*n. a.*)

[2] Robert Misrahi s-a născut la 3 ianuarie 1926. (*n. a.*)

Conștient de piedicile care apar în calea „bucuriei dragostei" pe care o analizează cu o remarcabilă finețe, piedici ce decurg din instituția monogamiei (plictiseala care duce la dispariția dragostei, dominarea unui partener de către celălalt, posesivitatea și „alaiul" său format din gelozie, confuzie, trădare), Misrahi ne arată cum poate ființa din noi dotată cu libertate și putere de gândire să depășească aceste obstacole, cu scopul de „a inventa" – cuvântul apare adesea la Misrahi – drumuri noi[1].

Misrahi își exprimă franc dezaprobarea pentru sexualitatea care-și grăbește sfârșitul: „nopți de consum sexual, femei ușoare fără suflet, schimbismul consumerist, cuceririle fără număr, libertinajul[2]". Este vorba, pe scurt, de o sexualitate care „nu produce decât oboseală și plictis, sau mai rău, neliniștea absurdului și a singurătății provocată de lipsa dragostei[3]". Misrahi știe că timpul este adversarul nemilos al dragostei, că adesea o distruge, o aneantizează, o ucide. Știe că bătrânețea măsluiește cărțile și că timpul aduce cu sine blazarea. Cu toate acestea, dragostea rămâne pentru el singurul lucru care merită să fie trăit și, în ciuda, tuturor eșecurilor și nefericirilor prin care trecem cu toții de-a lungul vieții, trebuie să găsim soluții pentru ca dragostea să-și atingă scopurile – bucuria și împlinirea. „Căile de acces" către dragoste sunt posibile la toate vârstele.

---

[1] Această putere de „a inventa" în plină dragoste a fost magistral dezvoltată de Gilles A. Tiberghien în *Aimer, une histoire sans fin* („A iubi, o poveste fără sfârșit"), Flammarion, 2013. (*n. a.*)
[2] *Ibid.*, prefață de Michel Onfray, p. 8. (*n. a.*)
[3] *Ibid.*, p. 20. (*n. a.*)

Cum am putea să nu luăm în serios cele spuse de un om de vârsta lui Misrahi, care vorbește din propria experiență?

Dorința apare din senin, dar dragostea se construiește, *bucuria dragostei este o alegere a noastră*.
Pentru aceasta este nevoie să vrem: să vrem bucuria, plăcerea, libertatea. Acești termeni sunt intim legați în această erotică a fericirii care poate aduce, să ne amintim, „revigorarea vârstei" și care se referă la „trupul concret, trupul de carne, trupul făcut din dorințe, emoții, plăceri, înfiorări, mângâieri[1]".

Misrahi ne oferă câteva metode de a atinge această bucurie, ne spune „ce să facem" cu trupul și spiritul pentru ca bucuria să persiste.

Dorința de orgasm presupune o convertire. Acest termen filozofic nu are nimic de-a face cu cea religioasă. Este un termen drag lui Misrahi care se referă la meditația la care fiecare persoană dotată cu libertate trebuie să aspire dacă dorește să „își construiască" o dragoste. Convertirea se referă la efortul interior pe care cei implicați într-o relație de dragoste sunt invitați să-l facă dacă vor să atingă „dragostea superioară".

Reflectarea, meditația la capcanele dragostei – gelozia, posesia – duce, cu voință, la o concepție diferită despre dragoste, în care libertatea fiecăruia dintre parteneri este respectată și care duce, inevitabil, la o mai bună cunoaștere a celuilalt.

---

[1] *Ibid.*, p. 8. (*n. a.*)

Robert Misrahi analizează aceste obstacole din calea dragostei care sunt „necunoașterea" și „neînțelegerea". Credem că iubim pe cineva și ne dăm seama, în timp, că nu o cunoaștem pe acea persoană, nu știm cine este ea cu adevărat. În acest caz, viața comună se construiește pe ceva putred. Sau invers, celălalt nu vă cunoaște cu adevărat. Poate pentru că nu i-ați permis accesul în cea mai profundă intimitate. Vă critică, vă face reproșuri, ca urmare stima de sine vă este lezată. Și astfel cum să nu se ajungă, într-o bună zi, în viața de cuplu, la această dificultate antropologică a instituției monogame și a exclusivismului sexual care este infidelitatea? Cum poți fi cuiva fidel pentru toată viața? „Nu toți oamenii sunt apți sau dispuși să se obișnuiască să trăiască monogam.[1]" Transgresarea, trecerea dincolo de granițele impuse de căsătorie, dacă este determinată de plăcere, aduce după sine, cel mai adesea, minciună și duplicitate. Distanța față de celălalt, care e abandonat, crește. Dacă cel „înșelat" percepe această trădare ca pe „o crimă simbolică", cel care înșală și care nu este inclus în ceea ce îl împinge spre această transgresare o resimte ca pe „o anihilare simbolică" a făpturii sale profunde. Tăcerea, necunoașterea celuilalt duc, spune Misrahi, mai devreme sau mai târziu, la separarea spiritelor, iar consecința cea mai previzibilă este eșecul vieții amoroase[2]. Însăși valabilitatea jurămintelor reciproce este pusă sub semnul întrebării.

---

[1] *Ibid.*, p. 71. (*n. a.*)

[2] *Ibid.*, p. 56: „Necunoașterea de către partener, ignorarea valorilor și a plăcerilor subiectului de către celălalt duc la suferință, care este cu atât mai profundă, cu cât este dublată de tăcere. Asimetria (unul vorbește, celălalt tace) sporește distanțarea partenerilor și duce la separare." (*n. a.*)

Ce este de făcut în acest caz?

Remediul pentru toate aceste probleme nu este nici poligamia instituționalizată, despre care Misrahi ne demonstrează că aduce cu sine la fel de multă suferință ca monogamia, nici libertinajul sau sexul ocazional – care nu implică dragoste –, ci acele forme de a face dragoste prin care ființa iubită este respectată. Prin aceste forme de a face dragoste, dragostea unică, reciprocă și *fidelă* este o formă rară, declară el. Dragostea fidelă presupune faptul că „fiecare, dorind să-l cunoască pe celălalt din ce în ce mai bine, atât sufletește, cât și trupește", oferă cuplului posibilitatea de „a trăi în timp și cu timpul dragostea, intimitatea, tandrețea așa încât împreună să le sporească. Într-un astfel de cuplu, proiectul de bază este aprofundarea fără limite a cunoașterii intime a celuilalt, acceptarea felului său de a fi și a limitărilor sale."

O altă formă de dragoste care nu duce la suferință și la despărțire este *dragostea multiplă*, posibilitatea de a trăi mai multe iubiri în același timp liber, fără ascunzișuri. Ce înseamnă asta mai exact? Am văzut că Misrahi condamnă libertinajul, așadar expresia „dragoste multiplă" nu are nimic de-a face cu schimbismul sau cu frecventarea bordelurilor. Nici cu această mișcare[1] ce pledează în prezent pentru transparența față de iubirile paralele. „Fiecare îi poate spune partenerului: ne iubim, împreună formăm un cuplu sudat; dar amândoi suntem ființe libere de prejudecăți și vom întruchipa împreună, prin darul pe care îl vom face unul altuia

---

[1] *Les Amours plurielles* („Iubirile paralele"), la care m-am referit mai sus. (*n. a.*)

de a ne povesti aventurile, o nouă morală a libertății și a responsabilității[1]." Constatăm că în acest tip de dragoste nu apar nici trădarea, nici duplicitatea. Această morală a transparenței ar fi binevenită, ne spune Misrahi, dacă astfel dragostea ar fi salvată și problema geloziei rezolvată. Dar lucrurile nu stau deloc așa.

Analizând *L'Invitée* („Invitata") a Simonei de Beauvoir, o adeptă a acestei teorii a transparenței, Misrahi ne arată că lucrurile sunt departe de a arăta bine. Apariția lui Xavière în viața lui Pierre o face pe Françoise să sufere cumplit: a oferi celuilalt adevărul că relația a devenit insuficientă și că atracția erotică și afectivă a partenerei nu mai duc la dorință are o urmă de sadism. Sau poate de nepăsare față de celălalt? se întreabă Misrahi. Mai există dragoste într-un astfel de cuplu? Transparența stabilită la începutul unei relații, dar impusă nu cumva distruge dragostea?

Înaintăm în filele cărții având un sentiment de suspans. Misrahi, fără urmă de îndoială, crede că bucuria dragostei, o bucurie covârșitoare, intensă, „cea mai înaltă rațiune a existenței", nu cere imperios exclusivitate. Un bărbat, o femeie se pot bucura de viața alături de partener, dar, în același timp, se pot bucura de o fericire nesfârșită și în relațiile cu diferite alte persoane. Nu este utopic, afirmă el. Este „o realitate a existenței umane". Dar reprezintă o realitate care nu este ușor de trăit și de suportat.

Pentru a ieși din această situație delicată există două posibilități: *dragostea filozofică*, destul de rară, pentru că ea

---

[1] *Ibid.*, p. 87. (*n. a.*)

se bazează pe respectul reciproc al libertății și autonomiei fiecăruia în interiorul cuplului, cât și pe acceptarea implicită că unul sau altul dintre parteneri, sau amândoi pot trăi o altă iubire; și *dragostea secretă*, mult mai des întâlnită, dar care implică riscuri și suferință, chiar dacă acest tip de suferință nu are nimic de-a face cu suferințele descrise mai sus care duc la pierderea iubirii.

Etica secretului implică frustrări și constrângeri. Atunci când sunt liber consimțite de către cei doi, dragostea devine mai profundă, iar suferințele sunt „parte din dragoste".

Etica secretului este dură pentru cel care decide să nu renunțe la niciuna dintre iubirile sale, de a nu ceda dorinței din perspectiva unei etici a datoriei sau a sacrificiului. Refuzând să fie „prizonierul" tovarășului sau tovarășei de viață, să sacrifice o nouă iubire pe altarul datoriei față de celălalt, acesta este atent totuși să nu-l rănească pe cel sau pe cea de care este legat printr-o „veche iubire". „Respectul și grija pentru o relație de dragoste veche nu sunt neapărat determinate de angajarea într-o relație nouă sau într-o iubire anume".

Implicarea în două relații paralele, sentimentul simultan de bucurie și de responsabilitate, intenția de a se împlini printr-o dragoste nouă și „salvarea existențială a ființei iubite anterior, preocuparea pentru sănătatea și seninătatea sa sufletească" reprezintă, într-adevăr, un lucru dur, sever. Dar o astfel de relație este posibilă, și mulți oameni, bărbați și femei care au o anumită etică, o practică, cu condiția să știe să arate libertate, dar și generozitate.

Etica secretului se dovedește a fi și mai dură pentru cei care nu sunt căsătoriți. În acest caz, este nevoie de un înalt grad de evoluție în mentalitate, fără nicio urmă de intenție de posesie asupra celuilalt sau de constrângere. Trebuie să admiți că bărbatul sau femeia iubit(ă) nu are intenția să-l rănească pe tovărășul său de viață, să accepți întâlnirile discrete, întreruperile neașteptate, lipsa unei vieți sociale comune. „Nu îi poți impune celui care nu a reușit *să se convertească* o libertate care ar acționa asupra lui ca o băutură prea puternică", comentează prefațatorul cărții lui Misrahi, Michel Onfray[1]. Trebuie să admiți intenția celuilalt de a-și proteja vechiul partener care poate fi cuprins de neliniștea abandonului sau de teama că nu va face față separării.

Pentru a te implica de bunăvoie în acest gen de „iubire discretă" este nevoie de o mare doză de generozitate și de multă dragoste. Aceste lucruri pot fi posibile numai atunci când te știi pe deplin iubit și când între parteneri s-a instituit un sentiment de încredere reciprocă. „Iubirea discretă supraviețuiește dacă este motivată și susținută de un acord deplin asupra mizei dragostei." Cu alte cuvinte, atunci când cei doi îndrăgostiți se dăruiesc total unul altuia atunci când sunt împreună, dragostea îi poartă undeva spre înălțimi. Cei doi sunt conștienți de faptul că nu pot compara această nouă iubire cu cea veche, că existența unui al treilea, pe care fac efortul să nu-l rănească sau să-l abandoneze, nu răpește nimic din bucuria pe care și-o oferă în prezent unul altuia, că ceea ce reprezintă unul pentru altul și felul în care se implică trupește și afectiv în această relație este unic, aparte. Iată de ce, spune Misrahi, etica secretului, etica plăcerii,

---
[1] *Ibid.*, p. 204. (*n. a.*)

a orgasmului și a responsabilității care urmărește evitarea suferinței inutile nu are nicio legătură cu „minciuna" și cu „trădarea".

Dragostea discretă poate fi o formă mai înaltă de dragoste, o „reușită a dragostei". Ceea ce nu poate fi desăvârșit în viața de zi cu zi sau în viața socială se desăvârșește într-o „grădină secretă", la adăpost de provocări și de gelozii. Știm cu toții că aceste momente de intimitate secretă întăresc o legătură și cât de mult contribuie suferința împărtășită la apropierea partenerilor. Dragostea discretă poate dura ani de zile, afirmă Misrahi, și poate fi la fel de deplină ca și dragostea fidelă, „cu condiția să nu producă suferință și zbucium celor din jur".

O anumită etică a secretului

Aceste considerații referitoare la etica secretului m-au îndemnat să o caut pe Marie, partenera lui Folco.

Sunt față în față cu ea, la o cafenea, și o privesc: are un anume farmec. Folco are dreptate când spune că este o femeie frumoasă, care nu-și arată vârsta. Mă uimesc mai ales vocea caldă și ritmul lent în care vorbește. Are în ea ceva calm și senzual.

Cum aș putea să încep – cu această femeie pe care nu o cunosc – o conversație referitoare la intimitatea pe care o are cu Folco, acest îndrăgostit de dragoste?

Îi spun că am fost impresionată de felul în care partenerul său mi-a vorbit despre relația lor și îmi exprim uimirea – cum reușește să trăiască această relație secretă, ascunsă, cu un om căsătorit, în condițiile în care ea este singură? Cum de nu resimte nicio frustrare?

„Pentru că-l iubesc și pentru că nu am avut până acum nicio relație intimă de o asemenea intensitate", îmi răspunde ea cu aceeași monedă.

Desigur, nu este ușor. De altfel, își promisese să nu se mai angajeze niciodată într-o relație „backstreet"[1], cum spune ea, pentru că știa la ce se expune. Dar când l-a întâlnit pe acest bărbat atât de atrăgător, cu privirea vie și inteligentă, cu buze atât de senzuale, a simțit o atracție imposibil de stăpânit. Și atunci și-a spus: Ei, asta e! Vom vedea ce va fi! Știa că este impulsivă și îndărătnică și că nu se va lăsa purtată acolo unde nu vrea să ajungă. Dar drumul pe care au pornit împreună oferea atâtea perspective noi, atâtea emoții și senzații pe care nu le mai încercase înainte, încât nu are niciun regret. Era un risc, dar care a meritat. Sigur, se simte rănită, sunt perioade foarte lungi, în timpul vacanțelor, în timpul sărbătorilor, în care cei doi nu se văd. Îi simte lipsa și este foarte dureros pentru ea. Dar ceea ce a uimit-o a fost faptul că el vrea să știe totul, nu vrea ca ea să-i ascundă nimic din suferința ei și atunci Marie îi povestește tot ce simte. A înțeles că, în loc să se teamă de reproșuri, să se simtă vinovat, el descoperă mereu un fel tandru de a o consola, găsește cuvinte prin care îi arată cât o iubește și pe care ea le simte sincere. Și atunci, în loc să se întristeze, reușește să alunge toate acele gânduri ca „dacă m-ar iubi cu adevărat și-ar părăsi soția, m-ar alege pe mine", gânduri atât de convenționale,

---

[1] *Backstreet* – secret(ă), ilegal(ă). (*n. trad.*)

la urma urmei. Îi vine în minte acel univers pe care îl explorează alături de el, încărcat de o complicitate erotică și senzuală fără egal.

Este adevărat că se văd rar, dar fac din aceste întrevederi o adevărată sărbătoare. Prietena sa cea mai bună, căreia îi povestește tot ceea ce trăiește, îi spune că se alege cu ce este mai bun. Marie este de acord – este un paradox, dar este adevărat. Indisponibilitatea socială a lui Folco nu o împiedică să fie mereu prezentă, să se implice trup și suflet în relația lor intimă.

Vreau să știu și o întreb pe Marie ce este nou în această experiență, la vârsta ei, cu acest amant de excepție.

Marie spune despre ea că este o femeie cerebrală. A făcut dragoste mult de-a lungul vieții, dar păstrând întotdeauna o doză de rațiune în relațiile sale. Prefera ca totul să se petreacă repede. Îi plăcea să ajungă repede la orgasm, ca partenerul să o ia în brațe, să o strângă cu putere, să nu se miște și să aștepte ca valurile plăcerii să se consume în orgasm, unul de fiecare dată foarte intens la ea. Își cunoștea bine corpul și știa cum să facă să ajungă repede în acest punct. Astăzi, în vârstă fiind, plăcerea vine mai greu. Cu Folco a descoperit ce înseamnă să te abandonezi total. Nu vrea să trăiască stările pe care le cunoaște deja pentru că își descoperă o senzualitate pe care nu și-o bănuia și pentru că îi place să se lase în voia mâinilor, buzelor și trupului lui Folco care o poartă spre locuri nebănuite, spre plăceri noi, foarte intime. Nu vrea să intre în detalii, dar simt că s-a deschis pentru Folco cum nu a mai făcut-o înainte pentru nimeni altcineva.

„Folco nu are nicio inhibiție. Nu am avut niciodată un amant atât de inventiv, care să știe să-mi asculte corpul și să-l trateze cu atâta tandrețe. Simt că este îndrăgostit de corpul meu și pentru mine este foarte important, pentru că nu mai este atât de tânăr. Dar cred că, pe lângă răspunsul senzual al trupului meu, pe lângă moliciunea pielii, ceea ce îi place este felul în care mă ofer lui, eu însămi, persoana care sunt cu adevărat. La rândul meu, simt același lucru. Îmi place vocea lui erotică, gravă, senzuală. Îmi place felul în care mă ia în brațe, în care pătrunde în mine, felul său delicat de a-mi cerceta corpul și de a-i oferi plăcere. Mă umplu *de el – de el în întregime*. Așadar, îmi place el cu adevărat și pe vecie. Are un loc absolut special în sufletul meu și mă simt *a lui*."

Marie și Folco fac dragoste după-amieze întregi, se opresc pentru un ceai sau o poveste și o iau de la capăt cu o nepotolită sete unul pentru celălalt. O sete pe care ea nu a mai trăit-o până acum. „Unul dintre lucrurile pe care le-am descoperit este plăcerea de a-i simți pielea atunci sunt suntem goi. Am impresia că este pentru prima oară când îl ating, înainte nu cred că eram sensibilă la acest aspect."

Starea de plăcere cvasipermanentă continuă și după plecarea lui pentru că amândoi știu să o întrețină scriindu-și aproape în fiecare zi. „Are un fel special de a întreține dorința în amândoi, de a mă face să simt că sunt foarte importantă pentru el. Asta mă ajută să trec peste absența lui fizică. De fapt, această dragoste, oricâte frustrări mi-ar aduce, îmi face foarte bine, pentru că mă ajută să mă simt femeie. Ceea ce-mi doresc cel mai mult în viața mea prezentă este să mă ofer lui."

După Macha Méril, Marie este a doua persoană care afirmă că a experimentat la o vârstă înaintată un orgasm mai lung şi mai intens decât cel avut în vremea tinereţii. Este a doua persoană care îmi povesteşte că a face dragoste nu se reduce la simplul act sexual. Cu Folco, Marie face „tot timpul dragoste", conversaţiile şi momentele lor agreabile sunt fără sfârşit, fără limite. „Îmi place această încredere cu care ne împărtăşim lucruri grave care s-au instalat între noi", îmi mărturiseşte ea.

Vorbim de mai mult de o oră şi între noi s-a stabilit o complicitate feminină. Mă simt îndreptăţită să o întreb mai multe despre ceea ce ea numeşte „momente savuroase".

„Într-o noapte, l-am luat în braţe şi i-am spus să stea nemişcat, cu zona coapselor lipită de a mea. I-am spus să deschidă ochii şi să mă privească, apoi ne-am sărutat languros, fără să ne mişcăm. Era o gravitate în îmbrăţişarea noastră pe care nu o voi uita niciodată, o implicare a întregii noastre făpturi. I-am simţit sexul, dar am continuat să rămânem nemişcaţi. Era între noi o tensiune extraordinară, ca şi cum sufletul său îmi învăluia trupul. Apoi ne-am simţit unul în celălalt, vibrând, continuând să stăm nemişcaţi. Simţeam cum sunt străbătută de valuri de plăcere, mă încolăceam ca o liană în jurul lui, fără să fac vreo mişcare. Era pur şi simplu ameţitor. Deodată, am fost pur şi simplu zguduită de o explozie de plăcere, cum nu am mai simţit niciodată. Am izbucnit în plâns – de emoţie, de bucurie, de recunoştinţă." Marie îmi spune că pentru ea Folco este mai mult decât un amant, este omul graţie căruia şi prin care experimentează amândoi tainele trupurilor care se iubesc, tainele dragostei care sfărâmă tot ceea ce este rigid și dur în interior și care lasă să pătrundă lumina.

„După ce facem dragoste, momentul meu preferat, continuă Marie, este acela în care trupurile noastre nu s-au desprins încă unul de celălalt. Când pentru încă o serie de câteva secunde, ele sunt unul. Folco numește asta „corpul nostru comun". Înainte, când făceam dragoste, corpurile noastre erau distincte. El era forța penetrantă, iar eu o vale primitoare pe care el o lucra. Trupurile noastre munceau împreună pentru atingerea plăcerii depline. Și dintr-odată, în timpul orgasmului, greutatea arzândă a dorinței dispare, trăim o ușurare, un calm cu totul nou. Îmi amintesc că am citit undeva că abia după ce facem dragoste începe adevărata dragoste. De fapt, doar după ce facem dragoste, noi, femeile, ne dăm seama dacă bărbatul de lângă noi ne iubește sau nu. Sunt mai multe categorii de bărbați: cei care adorm imediat, cei care se cufundă în propriile preocupări – acești bărbați distrug dragostea și nici nu-și dau seama de răul pe care-l fac."

Marie și „îngerul său viril", cum îi place să-l numească pe Folco pentru că există ceva carnal/angelic în întâlnirea lor, merg precum echilibriștii pe un fir extrem de subțire. Marie a hotărât să iubească „iubirea lor secretă" și să o protejeze atât cât poate.

„Legătura noastră este foarte strânsă pentru că știm esențialul unul despre celălalt. Înaintăm, cred, bazându-ne pe încredere."

Ascultând-o pe Marie, îmi spuneam că acești doi îndrăgostiți trăiesc etica secretului despre care vorbește Misrahi. Este ceva dur, dar posibil, și mulți oameni de o anumită calitate, bărbați și femei, reușesc să trăiască asta, chiar dacă uneori e nevoie de o viață întreagă pentru a reuși. Etica secretului presupune un grad de evoluție și de meditație ridicat, departe de orice dorință de posesie sau de acaparare a celuilalt.

Folco și Marie acceptă să-și trăiască dragostea la adăpost de provocări, de gelozie, pentru a nu provoca suferință în jurul lor. Acest lucru este posibil pentru că se iubesc, pentru că se dăruiesc fără rezerve unul altuia atunci când sunt împreună. Existența unei soții, cea a lui Folco, nu afectează cu nimic plăcerea pe care și-o oferă unul altuia. Nu există nicio comparație între ele pentru că fiecare reprezintă pentru Folco un univers aparte și unic.

În acest fel, ei se plasează sub cupola eticii plăcerii și a responsabilității promovate de Misrahi. De aceea, această dragoste care înflorește în „grădina lor secretă" este considerată de Marie ca „o înaltă formă de dragoste". Dacă vreunul dintre ei resimte o lipsă, aceasta intră în categoria suferințelor acceptate care, în loc să-i depărteze, îi apropie. Marie crede cu multă convingere că această dragoste discretă poate dura timp îndelungat.

În căutarea unei noi armonii

Dați-mi voie să vi-l prezint acum pe Philippe. Este un bărbat de 68 de ani care are în spate o frumoasă carieră de editor, tată a mai mulți copii adulți, căsătorit cu Sophie care este cu zece ani mai tânără decât el. Spune despre sine că este un bărbat căruia i-a plăcut întotdeauna să facă dragoste și la care dorința de a-și recuceri soția nu a slăbit de-a lungul anilor. Și acum îi place să simtă cum crește în el dorința de a fi cu ea. Sunt în fața unui cuplu de tineri sexagenari care s-au dorit unul pe celălalt până când într-o zi, trecut de 60 de ani, Philippe s-a simțit mai puțin pasional, neliniștit să constate că se instalează în el un soi de oboseală. Sophie, soția sa, medic de profesie, a auzit despre o apropiere sexuală mai puțin cunoscută, de origine indiană, tantra[1], pe care terapeuții inițiați o predau cuplurilor ce doresc „să treacă la un alt stadiu", să descopere „o nouă armonie". Philippe a acceptat să încerce asta, mai ales de curiozitate, și au descoperit împreună această apropiere erotică diferită. Diferită, cel puțin de ceea ce experimentaseră până atunci împreună. Și nu au fost decepționați. Mai mult, Philippe îmi spune că felul lor de a face dragoste s-a modificat și că este uimit de ceea ce descoperă.

Curioasă, l-am provocat să îmi spună mai mult. Ce este tantra? Cum a avut loc inițierea? Ce a reținut din ea?

Am aflat că este vorba de o practică foarte veche, de acum cinci mii de ani, venită din Valea Indului. Bărbații și femeile făceau dragoste nu numai pentru a procrea, ci și pentru a atinge o formă de extaz, aproape mistic. Făceau dragoste lent, cu opriri dese, cu reluări, reglându-și respirația, făcând să

---

[1] *Tantra* este practica sacră a sexualității. În filozofia tantrică, *tantra* este drumul care duce la orgasm, fiind mai importantă decât orgasmul însuși. Astfel, nu facem dragoste pentru a ajunge la orgasm, ci pentru plăcerea și relaxarea care rezultă din unirea și fuziunea cuplului, din alchimia care se degajează din această fuziune. Raportul sexual inspirat de tantrism tinde să împingă cât mai departe momentul orgasmului pentru a profita la maximum de fuziunea cuplului. (*n. a.*)

urce energia sexuală, *kundalini*[1], de-a lungul coloanei vertebrale până în creștetul capului. Scopul era comuniunea cu făptura divină, extazul mistic, iar sexualitatea pe care o practicau era mai mult senzuală decât cea genitală.

În privința inițierii, Philippe a fost discret, invocând clauzele confidențialității la care se angajase. Mi-a spus doar că tehnicile și exercițiile erau învățate în grup, dar că fiecare cuplu le practica singur în propria cameră. În timpul cursurilor nu se trecea niciodată la practicarea actului sexual, și această etică era respectată și garantată de un cuplu de animatori foarte profesioniști și competenți.

Intrigată, am întrebat dacă aceste stagii în grup nu aduceau a pornografie sau a schimbism. Absolut deloc, mi-a spus Philippe. Tantra este o perspectivă sacră și spiritualizată a sexualității. Descoperi tehnici de respirație și de vizualizare care te ajută să afli felul în care energia sexuală urcă în corp. De altfel, orice participant poate refuza să ia parte la un anume exercițiu sau ritual. Tantra se bazează pe respectul pentru fiecare ființă.

Ce a descoperit Philippe? Dacă la început era neliniștit, ca toți bărbații de vârsta sa, în privința viitorul vieții sale sexuale, fiind conștient de îmbătrânirea sa fizică, în cele din urmă el s-a întors din acest stagiu relaxat.

A descoperit că sexualitatea nu este doar de natură genitală, ci și vibrațională, că poți experimenta o plăcere infinită

---

[1] *Kundalini* este un termen derivat din cuvântul sanscrit *kundal* care înseamnă „răsucire", „buclă" și reprezintă energia primordială prezentă sub forma a trei bucle și jumătate care se învârt în spirală la baza osului triunghiular de la baza coloanei vertebrale numit *osul sacru*. (*n. red.*)

și chiar un orgasm energetic fără erecție. „Este extrem de liniștitor pentru un bărbat", îmi spune el. „Odată cu bătrânețea, erecția este mai rară, mai problematică, durează mai puțin, tantra nu a îmbunătățit acest aspect, dar am descoperit altceva. Nu totul se reduce la erecție în viața sexuală. Mi-am dat seama, mai ales, că pot să o doresc pe Sophie și fără sex. Îmi doresc să fie lângă mine, să fiu cu ea, să o simt alături, să o ating, să fiu atins de ea, dar nu mai suntem obsedați de actul sexual."

În cele din urmă, această descoperire a dat o nouă forță cuplului lor, în timp ce altele, dimpotrivă, se despart după un stagiu tantra. Acest lucru se întâmplă pentru că practica tantra îi confruntă pe oameni cu o altă întrebare: îți iubești soțul, soția, partenerul, partenera? Ești cu adevărat lângă el, te bucuri de prezența lui? Unele cupluri se despart, altele sunt pe cale să se formeze. Cele noi pornesc de la un fundament mult mai real și solid. Deoarece tantra poate fi practicată întreaga viață, chiar și după 80 de ani, și existența acestei perspective reprezintă o veste bună.

În căutarea erotismului

> „Am început să înțeleg cultul lor erotic, această asimilare a bărbatului care ajunge să se confunde, până la senzații, cu femeia cu care se unește, și să se imagineze ea fără să înceteze vreo clipă să fie el însuși."
>
> André Malraux, *Calea regală*

Să faci dragoste lent

Toți bărbații și toate femeile care au participat la ancheta mea au afirmat că sexualitatea lor s-a modificat, devenind mai senzuală, mai tandră și mai lentă. A devenit, așadar, „alta".

Nu vreau să spun că tinerii nu au acces la această practică foarte la modă a *slow sexului,* spun doar că seniorii o adoptă prin forța lucrurilor.

La bărbatul în vârstă, care continuă să dorească și să facă dragoste, se constată o adevărată revoluție sexuală. A înțeles, în sfârșit, ceea ce sexologii și femeile înseși repetă fără încetare: mărimea penisului nu are practic nicio importanță! La o astfel de vârstă s-a distanțat suficient, nu fără umor, de imaginea bărbatului hiperviril care îl bântuia și de tentația pilulei albastre, capabile să îi ofere un sex de oțel oriunde, oricând!

Seniorii sunt deci invitați să renunțe la performanță. Nu mai caută atingerea orgasmului cu orice preț. De altfel, au descoperit că, *lăsându-se în voia* propriului corp, încetând să fie obsedați de erecție sau de atingerea unui punct maxim al plăcerii, devin mult mai prezenți la întâlnirea intimă cu celălalt. În fond, am putea spune că fac dragoste într-un mod mult mai conștient.

În ultima vreme au apărut foarte multe cărți, majoritatea aparținând literaturii anglo-saxone, care elogiază *slow sexul* („sexul lent"). Toate afirmă același lucru: trebuie să luăm distanță de „mai repede, mai tare", pentru a încerca să explorăm o sexualitate lentă, care odinioară și pe alte meleaguri, în China și India, a fost foarte bine pusă în valoare.

Care sunt resorturile acestei sexualități, inspirate de Orient? Acordarea de timp și ignorarea scopului. Esențială este călătoria erotică, și nu finalul ei. Această călătorie este una senzuală. Pielea posedă o multitudine de receptori senzoriali. De ce nu ne-am oferi timp pentru a trezi încet toate zonele erogene ale corpului, prin mângâieri variate? Dacă această călătorie se face în deplină conștiență, dacă ești conștient de ceea ce simți, atunci poți fi atent și la celălalt, și astfel poți atinge sentimentul unei comuniuni erotice rare.

Femeile tantrice

După dialogul meu cu Philippe, intrigată de cele povestite de el despre tantra, am decis să văd personal despre ce este vorba. M-aș fi putut mulțumi să citesc cărți, dar mi-am spus că ar fi mai bine să experimentez. M-am înscris la un curs numit „Femeia tantrică" din care voi încerca să redau aici esențialul[1]. Am ales acest curs destinat femeilor, deoarece m-am temut să nu mă trezesc singură într-un grup mixt și pentru că voiam să descopăr mai întâi secretele practicii tantra.

Locul era fascinant. La poalele vârfului Saint-Loup, în Munții Ceveni, micuța localitate Hameau de l'Étoile găzduiește seminare de dezvoltare personală într-un cadru bucolic și liniștit. Am luat avionul de dimineață, am închiriat o mașină și iată-mă ajunsă acolo pe o vreme însorită și binefăcătoare. Am fost cazată într-o „căbănuță" de lemn foarte confortabilă, aflată printre copaci. Simt o ușoară teamă, căci fără să știu cu ce mă voi confrunta, bănuiesc că este vorba de o aventură intimă.

În drumul spre curs, m-am întrebat ce le determina pe cele 40 de cursante, cu vârste cuprinse între 25 și 68 de ani, să vină la un astfel de curs. Mi-am dat seama că motivele erau variate. Erau acolo femei care nu se simțeau bine în propria piele și pe care le consideram curajoase pentru decizia lor de a porni într-o asemenea aventură; femei nesatisfăcute, frigide, care veniseră la sugestia vreunui sexolog, într-un moment de intuiție genială; femei care începuseră deja o „inițiere tantrică" și care doreau să continue; femei ce trecuseră printr-o decepție în dragoste și acum erau hotărâte să dea piept cu propriile greșeli. Cele mai în vârstă erau mânate de dorința de a atinge un alt nivel al sexualității, mai spiritual, mai meditativ. Dar în cele mai multe dintre cazuri,

---

[1] Cursul a fost ținut de Marisa Ortolan, www.horizon-tantra.com. (*n. a.*)

motivul era o curiozitate imensă, o dorință incredibilă de a experimenta practici sexuale noi și de a descoperi teritorii necunoscute ale sexualității. Nu cumva eu însămi eram mânată de aceeași curiozitate? Mai mult, după o viață erotică și afectivă împlinită, nu eram în căutare de „noi teritorii", de senzații noi, nu voiam să știu mai mult despre potențialul meu erotic de la această vârstă, să fiu deschisă către emoții noi?

Obiectivul cursului era evident acela de a le ajuta pe femei să se îndepărteze de normele care le stresează și care exercită o presiune mare asupra lor. Reușita personală presupune și o viață sexuală împlinită: „Lăsați-vă în voia plăcerii cât mai mult și veți fi fericite!"

Femeile se întreabă: „Este normal să nu am orgasm sau fantasme erotice?" Sexualitatea este uneori percepută ca ceva foarte complicat și orice motiv este bun pentru „a nu face dragoste" – oboseala, copiii, sarcinile etc. În același timp, femeile simt că le lipsește ceva și au o imensă frustrare. Multe femei își pierd busola: trebuie să se încreadă în trupul lor sau în ceea ce spun anchetele și articolele din revistele pentru femei?

Prima regulă pe care trebuie să o ignorăm este cea a orgasmului obligatoriu. Aflu acum că abia un sfert dintre femei au orgasme regulate. Ceea ce înseamnă că restul nu resimt plăcere?

Toată călătoria tantrică pe care o vom face timp de patru zile, cât ține acest curs, are drept scop să ne ajute să ne simțim mai bine trupul. La naiba cu performanțele și cu barometrul orgasmelor!

Ce stranie senzație am avut când am intrat în sala mare numită „Templul femeilor", alături de alte 40 de femei, toate mai tinere decât mine, eu fiind venită să pătrund tainele tantrismului!

Așezate în cerc în acest templu al femeilor, decorat cu reprezentări de *Shakti* și ale lui *Shiva*[1], dar și cu văluri viu colorate, totul de un gust îndoielnic, aș zice, am fost invitate să ne prezentăm, spunându-ne prenumele și orientarea sexuală. În afară de două sau trei „bisexuale", majoritatea femeilor s-au prezentat ca fiind „heterosexuale". Când mi-a venit rândul am spus „îmi place să fac dragoste cu un bărbat".

Am aflat că există două căi tantrice. O cale pasivă, în care te lași în voia senzațiilor, și o cale prin care încerci să atingi extazul gradat, prin urcarea energiei sexuale, *kundalini*, din *chakra* în *chakra*[2], prin exerciții de vizualizare și de respirație.

Ni se promite, așadar, un frumos parcurs în feminitate și în secretele corpului feminin.

A trebuit să-mi las la o parte pudoarea când, în timpul unui dans, le-am văzut pe „surorile mele" dezbrăcându-se una după alta. Degeaba mă simt bine în corpul meu; să iau hotărârea de a-mi scoate hainele în fața tuturor acelor femei nu a fost ușor pentru mine.

În cele din urmă, mi-am dat seama că acest gest mă eliberă. Eram așezate toate în cerc, grase, subțiri, cu sexul ca o

---

[1] Femeia se numește *Shakti*, iar bărbatul, *Shiva*. (n. a.)

[2] În *tantra yoga*, *chakrele* sunt centri energetici situați de-a lungul coloanei vertebrale. Prima *chakra* corespunde coccisului, a doua sexului, a treia plexului solar, a patra inimii, a cincea zonei gâtului, a șasea celui de-al treilea ochi, situat între sprâncene, a șaptea creștetului capului. (n. a.)

pădure sau imberbe, jenate sau dezinhibate. Una peste alta, am râs toate de această nuditate împărtăşită care într-un fel ne apropia. Am avut impresia că iau parte la un ritual arhaic, un mister al templelor antice.

O parte a cursului le oferea participantelor posibilitatea să descopere blocajele în calea accesului la o sexualitate împlinită, satisfăcătoare. Aici m-am plictisit puţin pentru că această explorare psihologică îmi este cunoscută de multă vreme. Dar am admirat tactul şi profesionalismul cu care instructoarea a coordonat schimburile. A fost trecut în revistă totul: rolul concepţiei despre sex a generaţiilor anterioare, rolul traumelor din copilărie, al violurilor, al abuzurilor, al lipsei de respect al bărbaţilor, imaginea excesiv de idealizată pe care o avem despre dragoste.

O altă parte a cursului a fost consacrată explorării intime şi delicate a propriului corp şi a sexului, căci cu cât ne cunoaştem mai bine, cu atât mai bine vom şti cine suntem cu adevărat atunci când ne oferim celuilalt. „În construirea feminităţii şi în împlinirea sexuală este foarte important modul în care ne simţim zona genitală. Nu este suficient să ştim unde se află, trebuie să o cunoaştem, să o cercetăm, să o descoperim, să o privim, să o admirăm, să o primim[1]." Într-un mediu controlat şi dintr-un mare respect faţă de celelalte femei, am fost invitate să descoperim o serie de ritualuri intime.

Am discutat despre abandonarea de sine, despre posibilitatea de comunicare a universurilor intime, despre lăsarea

---

[1] Alain Héril, *op. cit.*, p. 148. (*n. a.*)

în voia senzațiilor și a propriului sex. Acest ultim punct a fost cel mai dificil de abordat deoarece femeile sunt obsedate de faptul că pot rata „virajul orgasmic", expresie care se referă la acel moment în care femeia simte că a ajuns în punctul maxim al senzațiilor, dar nu ajunge la orgasm.

La masă, în timpul unui dejun pe care îl luam de obicei afară, la umbra copacilor, m-am așezat lângă o femeie mai tânără decât mine, care știa multe despre tantrism. Am aflat de la ea care este esența acestei yoga sexuale, numite tantra. „Căutarea excitării sexuale împiedică accesul la o energie mai subtilă, la o plăcere nebănuită ce survine doar atunci când încetezi să o mai aștepți."

Aceeași femeie mi-a spus: „Bărbații cred că își mențin sexul erect doar dacă se mișcă încontinuu, dar se înșală. Nu reușesc să înțeleagă că aceeași stare se poate obține dacă se destind. De fapt, sexul devine erect și dacă vine în contact cu o femeie care-l dorește. Căci dacă femeia se află într-o anumită stare erotică, este suficient ca bărbatul să o penetreze foarte lent, pentru ca scânteia plăcerii să se producă."

Timp de patru zile am alternat meditațiile necesare ridicării energiei lent, languros, senzual, cu mișcările bazinului și cu tehnicile de respirație, contracțiile perineului pe care trebuie să învățăm să le controlăm, cu vizualizările.

Am exersat „respirația inversată" și tehnica „valului" într-o poziție care poate fi văzută în toate ilustrațiile ce se referă la practica tantrică și care a înlocuit cu totul poziția clasică. Această poziție în care cei doi parteneri sunt așezați unul în fața celuilalt în poziția semi-lotus, ușor aplecați în față, cu picioarele întrepătrunse, așa încât zonele lor genitale se ating, creează o profundă intimitate.

Gură lângă gură, unul dintre parteneri inspiră lent, în timp ce celălalt expiră, fiecare respirând aerul celuilalt. După câteva minute, respirațiile se sincronizează de la sine și ne putem imagina că aerul coboară până în zonele intime ale partenerului și că acesta lasă respirația celuilalt să pătrundă în el. Este o senzație plină de erotism.

Fiecare dintre aceste experiențe era urmată de o secvență de discuții, absolut necesară după părerea mea. După acest curs, am rămas cu o adevărată simpatie pentru tribul nostru feminin și sunt convinsă că orice tânără femeie ar trebui să urmeze un curs de tantra yoga dacă dorește să cunoască satisfacerea sexuală. Prin tantra yoga va ajunge să se cunoască mai bine și, astfel, își va putea conduce cu tact partenerul întreaga viață.

La câteva sute de metri de locul unde se desfășura cursul nostru, 40 de bărbați se inițiau și ei în această sexualitate mai conștientă[1]. Privindu-le fețele radioase și destinse atunci când se întâmpla să ne intersectăm, mi-am spus că și lor, ca și nouă, acest curs le era de un evident folos.

Trupurile știu să facă dragoste

Revenită din acest stagiu, m-am cufundat în lectura unor cărți care mi-au fost recomandate.

---

[1] Sub îndrumarea inițiatorului Jacques Lucas, www.horizon-tantra.com. (*n. a.*)

Una dintre aceste cărți este scrisă de Barry Long[1], un australian, maestru în tehnicile tantra, care se înscrie în rândurile celor care promovează sexualitatea drept cale de acces la divinitate. Ignorând tonul pretențios al autorului care-și tratează cititorii ca pe materii prime necesare dragostei, am putut să culeg câteva idei foarte bune. Trupurile știu să facă sex, afirmă Barry, totul este să te lași în voia lor, să nu impui nimic învățat sau stabilit dinainte – partenerii nu au altceva de făcut decât să se concentreze pe acele părți din trupul lor în care simt plăcerea.

Cu alte cuvinte, să fii conștient de ceea ce se întâmplă. Scenele sau imaginile venite nu se știe de unde, din trecut, fantasmele de orice fel împiedică jocul organelor sexuale împreunate. Femeia nu trebuie să aplice ceea ce știe de la alți parteneri sau ceea ce a aflat din lecturi ori din vizionarea unor filme. Partenerii trebuie să facă dragoste ca și cum ar fi pentru prima oară în viața lor.

Trebuie să faci dragoste lent, încet, cu pasiune. Fiecare dintre parteneri trebuie să fie în ascultarea sexului său și a sexului celuilalt – comuniune care nu are nicio legătură cu ceea ce Barry Long numește „sexul consumist", în care fiecare „se grăbește cât poate de mult ca să atingă orgasmul".

Citind această carte, îmi vin în minte toți seniorii ce caută o sexualitate nouă.

Dar dacă bărbatul nu are erecție sau nu are o erecție completă? „Poate fi ajutat să pătrundă în vaginul partenerei sale", notează Barry Long. Introduceți penisul flasc în vagin

---
[1] Barry Long, *Faire l'amour de manière divine* („A face dragoste în manieră divină"), Pocket, 2011. (*n. a.*)

și așteptați cu răbdare[1]: dacă partenerii se iubesc, atunci penisul nu va întârzia să intre în erecție. O altă tehnică presupune ca partenerii să se întindă unul lângă celălalt și să se înlănțuie într-o îmbrățișare strânsă, făcând astfel ca între ei să se instaureze un curent de dragoste. Penisul nu poate fi tratat rapid sau cu forța. Odată pătruns în vagin, va avea o erecție completă.

Orgasmul face parte din actul dragostei, dar faptul de a se produce și dacă se produce nu depind de voința noastră. „Nu acesta este scopul[2]." Scopul este plăcerea nespusă a sexelor aflate în contact, a sexelor care se mișcă în voie. Când se întâmplă acest lucru, actul dragostei este nesfârșit.

Mă gândesc la acele cupluri care mi-au spus că pot face dragoste ore întregi, iar și iar, fără să obosească, „până când, în cele din urmă, după ore întregi, bărbatul ejaculează conștient. Sau se opresc și o iau de la capăt câteva ore mai târziu[3]".

Barry Long trage următoarea concluzie: „Corpul vostru nu trebuie să învețe cum să facă dragoste. El face dragoste în mod natural, dacă are ocazia. Dar amintirea experiențelor anterioare îl face să se inhibe.[4]"

Tot ce au de făcut partenerii este să fie prezenți psihologic și spiritual în timpul actului, să devină conștienți de acesta. „Faceți dragoste pentru dragoste, nu pentru voi înșivă[5]", conchide el.

---

[1] *Ibid.*, p. 58. (*n. a.*)
[2] *Ibid.*, p. 98. (*n. a.*)
[3] *Ibid.*, p. 96. (*n. a.*)
[4] *Ibid.*, p. 101. (*n. a.*)
[5] *Ibid.*, p. 103. (*n. a.*)

Această sexualitate, în care partenerii sunt „împreună, prezenți în actul dragostei[1]", este sacră. *Yoni* și *lingam*[2] devin astfel „organe spirituale".

Izolările erotice

Asistăm în prezent la un fenomen nou, cu originile în California, și anume „izolările erotice", seminare inspirate în general din tantra și din taoism, care au ajuns de curând și în Europa[3]. Cuplurile care au dificultăți în a face dragoste sunt îndrumate într-o nouă artă de a iubi, invitate „să se lase în voia sentimentelor", să renunțe la a-și propune un scop anume sau să se aștepte la ceva anume. O atitudine care nu este la îndemâna oricui în lumea modernă unde toți căutăm să controlăm și să dominăm totul. Pentru un cuplu care își dorește să rămână și să îmbătrânească împreună, să se lase în voie și să nu caute cu orice preț excitarea și orgasmul, pare să fie foarte liniștitor atât pentru femei, cât și pentru unii bărbați.

Într-o carte care mi-a plăcut foarte mult, *Laisser faire l'amour, un chemin surprenant vers la lenteur sexuelle*[4] („Lăsați dragostea să vă conducă – un drum fascinant spre

---

[1] *Ibid.*, p. 104. (*n. a.*)

[2] *Yoni* și *lingam* sunt denumirile sanscrite pentru „vulvă" și „penis". (*n. a.*)

[3] Stephen Vesey la Lausanne, Diana Richardson, Anne și François Descombes în Elveția, „the Making Love retreat", info@livinglove.com și www.retraitepourcouples.ch. (*n. a.*)

[4] Stephen Vasey, *Laisser faire l'amour* („Lăsați dragostea să vă conducă"), Éditions Love of the path, 2013. (*n. a.*)

dragostea lentă"), Stephen Vasey invită cuplurile să părăsească drumurile bătătorite și să petreacă un moment intim împreună, sărutându-se, mângâindu-se, fără să aibă nicio clipă intenția să ajungă la orgasm. Lăsând deschisă ușa către necunoscut, puteți avea surprize, puteți descoperi senzații și plăceri noi. Experiența este surprinzătoare, afirmă el. Și, dacă în cele din urmă ajungeți la orgasm, fără să vă fi propus asta, este cu atât mai bine, iar, adesea, este mai intens decât de obicei.

Aceste secvențe erotice de lungă durată pot deveni un ritual într-un cadru intim, cu lumânări, bețișoare parfumate, muzică lentă. Ritualul poate fi întrerupt de pauze: faceți o baie sau un duș împreună, dansați goi, degustați un pahar de șampanie sau faceți-vă reciproc masaj. Veți descoperi o mulțime de zone sensibile care se ascund „în pliurile pielii, la încheieturi, în jurul sau în orificiile corpului nostru".

Dar dacă totuși cheia unei sexualități împlinite stă în a face cât mai puțin? Stephen Vasey povestește ce a simțit atunci când partenera lui era întinsă deasupra lui, după ce făcuseră dragoste. „Îi simțeam greutatea și aveam un sentiment plăcut. Goi, îndrăgostiți, nu mai aveam nimic de făcut, nu trebuia să ne grăbim niciunde, trebuia doar să ne relaxăm și să ne bucurăm de urmele exploziei de bucurie pe care tocmai o trăisem. În acel moment de comuniune, simțeam în mine o așteptare fără margini. Din când în când, respirațiile ni se uneau și respiram când la unison, când decalat. Era o armonie imensă, oceanică."

Călătoria lui Tiresias

O sexualitate împlinită, pe măsură ce înaintezi în vârstă, necesită un fel de inversare a energiilor, după cum remarca prietenul meu, sexologul François Parpaix: femeile trebuie să fie mai yang, să aibă mai mult inițiativa erotică, iar bărbații trebuie să-și accepte rolul de yin, să învețe să fie mai receptivi, să se lase purtați de val.

Feminin sau masculin, știm astăzi că suntem puțin din fiecare. Cum putem permuta rolurile și învăța să jonglăm cu aceste două calități? „Din când în când, în timpul unei întâlniri, mă las purtat de mișcările partenerei mele, alteori, eu sunt cel care are inițiativa, care propune, surprinde și își poartă partenera într-o (mică) aventură", scrie Stephen Vasey.

Ceea ce i se reproșează adesea tantrei yoga este faptul că acordă o mare importanță femininului, lucru care este perfect adevărat. Dar în această lume erotică în care majoritatea valorilor sunt de partea masculinului și în care se acordă o prea mare importanță valorilor yang – performanță, eficacitate, inițiativă –, încercarea de a inocula puțin yin, puțin feminin – receptivitate, așteptare, ospitalitate – este binevenită atunci când se urmărește armonia cuplului.

Din păcate, mulți bărbați refuză această modificare. Astfel, atunci când se simt mai puțin virili sau când îmbătrânesc, preferă să renunțe la dragoste decât să încerce să exploreze alte universuri. Despre acest „altceva", Jacques Ferber[1],

---
[1] Jacques Ferber, *L'Amant tantrique* („Amantul tantric"), Le Souffle d'or, 2007. (*n. a.*)

autorul cărții *L'Amant tantrique*, vorbește foarte bine pentru că nu se teme să se abată de la cărările bătătorite.

Pentru a-i ajuta pe bărbați să devină amanți mai buni, Ferber le propune să se imagineze în pielea unei femei. El numește acest lucru „călătoria lui Tiresias[1]" și îi invită pe bărbați să se lungească pe spate, să se destindă și să se lanseze într-o călătorie în interiorul corpului unei femei. Bărbatul trebuie să fie liniștit – nu este vorba de a deveni femeie, nici homosexual, ci de a-și imagina ce simte o femeie.

Călătoria începe printr-o descriere detaliată a zonelor ascunse ale sexului feminin, „deschiderea fragilă și delicată, mărginită de buze fine și sensibile, [...] căldura umedă și adâncurile peșterii", după care Jacques Ferber îl invită pe bărbat să-și imagineze acea dorință imperioasă a femeii de a fi penetrată, completată, umplută, dar nu repede și brutal, ci cu o forță tandră, ce pătrunde ușor și lent; apoi, în timp ce peștera se deschide și se oferă, se dăruiește cu plăcere mișcărilor sexului pe care îl cuprinde, să își imagineze deschiderea sufletului. În tine urcă vibrații profunde. Corpul tău și-a pierdut dimensiunile normale, se dilată, devine din ce în ce mai vast. Timpul și spațiul dispar".

Jacques este conștient că acest exercițiu este dificil pentru că trebuie să ai curaj să simți ceea ce simte o femeie. Dar știe și că, atunci când un bărbat reușește să lase să iasă la

---

[1] În mitologia greacă, *Tiresias* a fost un profet care a fost transformat în femeie și a revenit bărbat după șapte ani deoarece într-un conflict iscat între Zeus și Hera – cine resimțea cea mai mare plăcere, bărbatul sau femeia? – Tiresias a răspuns categoric că o femeie simțea de nouă ori mai multă plăcere decât un bărbat. (*n. a.*)

suprafață femininul din el, acesta va ști să asculte mai bine trupul unei femei și va deveni un amant mai bun. Jacques este convins că nu trebuie să fii un erou falic pentru a satisface o femeie. Este nevoie doar să fii alături de ea, între coapsele sale, și dacă nu poate penetra, să-și lase sexul la intrarea a ceea ce taoiștii numesc „ușa prețioasă". Femeia va ști să folosească tot ceea ce este „penetrant" la un bărbat – vocea, cuvintele de dragoste, privirea, degetele, cu alte cuvinte, prezența lui.

„Femeia nu trebuie decât să primească și să se dăruiască. Totul se petrece în interiorul ei. Ea trebuie doar să se deschidă, să se deschidă, să se deschidă... Și dacă bărbatul știe să fie prezent, ea pornește într-o călătorie proprie, de o mare profunzime"[1].

Cele două energii plutesc împreună, fără să se știe care este a bărbatului și care a femeii, fiecare absorbind energia celuilalt, yin-ul femeii și yang-ul bărbatului. Cei doi pot rămâne astfel vreme îndelungată pe „culmile plăcerii", se pot odihni, se pot reface. „Și dacă survine orgasmul, ne urcăm pe val ca și când am face surf."

Bărbatul resimte orgasmul femeii ca și când ar fi al său; pentru el „acest val de maree, care te invadează și urcă de-a lungul chakrelor, de la cea mai primitivă la cea mai spirituală, într-un orgasm aerian și luminos[2]", este o experiență mistică răscolitoare. Orgasmul descris aici nu este exploziv, ci imploziv căci se disipă în interior, în întregul corp.

---
[1] Jacques Ferber, *op. cit.*, p. 117. (*n. a.*)
[2] Citat de Michèle Larue în *Osez... le sexe tantrique* („Încercați... sexul tantric"), La Musardine, 2012, p. 141. (*n. a.*)

Comuniunea în nemișcare

Într-o lucrare anterioară[1] am povestit despre relația sexuală dintre un bărbat de 80 de ani și o femeie de 70 de ani, care practicau „tao – arta de a iubi[2]", o cale spirituală chinezească care urmărea atingerea fericirii terestre și cerești, și, deci, posibilitatea de a face dragoste la vârste înaintate, căci dragostea și practicarea ei hrănesc viața.

Trebuie să știți că longevitatea este o valoare supremă pentru chinezi. Dacă reușești să te menții sănătos, bătrânețea este vârsta sau perioada cea mai fericită a vieții. Această longevitate fericită nu poate lăsa deoparte contactul energiilor yin și yang ale bărbatului și femeii. Îmi amintesc de acel bărbat despre care era vorba în cartea mea, care nu mai avea absolut deloc erecții, dar care făcea dragoste în fiecare zi cu soția lui. Se luau în brațe, goi, se concentrau pe zonele lor genitale și se bucurau minute întregi de plăcerea și freamătul oferite de acest contact, conștienți fiind că pătrundeau unul în energia celuilalt, lucru de care aveau nevoie pentru a se simți desăvârșiți, armonioși, calmi, fericiți că trăiesc. Plăcerea pe care o trăiau nu făcea parte din categoria exploziilor violente, ci din cea a relaxărilor îmbietoare. De altfel, știau să facă distincție între plăcere și ejaculare, înțeleseseră că aceasta din urmă (numită „mica moarte" în Occident) este

---

[1] *La chaleur du cœur empêche nos corps de rouiller*, op. cit. (*n. a.*)
[2] Jolan Chang, *Le Tao de l'art d'aimer* („Tao și arta de a iubi"), Calmann-Lévy, 1994. „O lucrare pe care oamenii o descoperă prea târziu și care, de aceea, ar trebui strecurată printre cărțile adolescenților, pentru ca sexualitatea să nu li se mai pară un subiect atât de dificil", spune Cyril Javary. (*n. a.*)

mult mai puțin voluptoasă decât senzația de comuniune cosmică pe care lipsa ejaculării o favorizează. Ceea ce resimțeau era, într-adevăr, liniște, comuniune voluptoasă, senzuală, care depășeau granițele trupului.

Practica tao ca artă de a iubi este, într-adevăr, o practică senzuală ce se potrivește perfect unui cuplu în vârstă.

În tao nu există un cuvânt pentru a numi impotența. Chinezii antici nu considerau impotența o problemă căreia să îi acorde atenție. Absența erecției nu îl împiedică pe bărbat să creeze comuniunea dintre yin și yang. Există o mie de alte feluri de a oferi și de a primi plăcere. Dacă persoanele în vârstă, cufundate în acest „abis de tristețe", ca să reiau expresia lui Simone de Beauvoir, ar cunoaște această artă de a iubi, ar ști că pot ajunge în interiorul partenerei lor și fără erecție.

De asemenea, există o serie de tehnici de „penetrare nonrigidă", care țin de „miracol": contactul foarte apropiat între penis și vagin în absența erecției[1]. Cuplul trebuie să învețe să respire profund pentru a se relaxa, după care trebuie să-și rafineze simțurile și să intre într-o stare de non-așteptare. În *Su Nu Ching,* un vechi manual erotic chinezesc din secolul al XIX-lea[2], este notat faptul că unul dintre parteneri poate face din când în când o mișcare lentă din bazin pentru revigorarea legăturii dintre *tija de jad* și *ușa prețioasă,* precum și pentru amplificarea senzațiilor. Un astfel de schimb intim de energii creează o legătură profundă și hrănitoare. Acest manual recomandă păstrarea acestei stări atât cât se dorește,

---

[1] Jolan Chang, *op. cit.*, p. 145. (*n. a.*)
[2] Su Nu Ching, *Arts de la chambre à coucher* („Arta budoarului"), citat de Michèle Larue în *Osez... le sexe tantrique, op. cit.* (*n. a.*)

dar cel puțin un sfert de oră partenerii trebuie să stea nemișcați.

Putem, așadar, face dragoste mișcându-ne foarte puțin și foarte lent, cu pauze lungi în care trebuie doar să simțim, să ne conștientizăm plăcerea, comuniunea cu celălalt. Dacă între timp se produce un orgasm, este cu atât mai bine, dar nu acesta trebuie să fie scopul dorit și căutat, ci această lipsă de scop care ne eliberează deplin. Îmi aduc aminte de acel cuplu care îmi povestea că nu ar schimba pe nimic în lume plăcerea pe care o resimțeau partenerii recurgând la această practică. „Acest tip de penetrare, de pătrundere are farmecul său", mi-a mărturisit femeia, amintindu-mi că satisfacerea sexuală nu este determinată de dimensiunea penisului. Același lucru îl spunea și Su Nu, mentora împăratului Huang Di[1]. „Dacă bărbatul își bazează comuniunea pe dragostea și respectul său pentru femeie și tot ce face pornește din suflet, ce importanță mai poate avea dimensiunea sau forma? Un organ dur, care pătrunde și iese cu violență, prețuiește mai puțin decât unul slab și moale care se mișcă încet și cu delicatețe."

Chiar dacă taoiștii insistă pe importanța tehnicii în dragoste, cred că mai importantă este căutarea armoniei și a liniștii reciproce. Actul sexual nu este un act mecanic, ci o experiență completă. Acuitatea senzorială este parte componentă a sexualității armonioase: atingerea, mirosurile, armonizarea respirațiilor, contactul îndelungat al trupurilor, mângâierile blânde și lente, cuvintele rostite tandru.

---

[1] Preluare din Jolan Chang, *op. cit.*, p. 146. (*n. a.*)

Medicul chinez Soen considera că, atunci când ambii parteneri au atins un înalt nivel de cunoaștere, „uniunea este profundă și vor rămâne nemișcați, pentru a nu tulbura *king*-ul („sămânța"). Într-un interval de 24 de ore, ei pot practica acest tip de uniune de zeci de ori. Aceste practici sunt o formă de control al longevității[1]".

    În momentul în care scriu aceste rânduri îmi vine în minte relatarea de acum câțiva ani a unei femei de 60 de ani, care în urmă cu 30 de ani avusese o legătură de șase ani cu un bărbat mult mai în vârstă decât ea pe care îl admira enorm pentru talentul său oratoric. Într-o seară, după una dintre conferințele sale, aceasta l-a invitat la ea acasă unde au făcut dragoste. Dar el nu mai avea erecții. În loc să se emoționeze, tânăra femeie s-a așezat deasupra lui, cu zona genitală lipită de a lui. În această poziție au vorbit, și-au spus cuvinte de dragoste, într-o intimitate relaxantă. Spre marea ei surpriză, a simțit foarte curând că acest contact atât de erotic dintre ei făcea să urce în ea valuri de plăcere. Într-o zi, a avut unul dintre cele mai profunde orgasme din viața ei. Iar el, în ciuda inerției aparente a sexului său, părea să resimtă același lucru. Această relație de schimb energetic a durat șase ani.

    Femeia despre care tocmai v-am povestit are acum 70 de ani. Îmi spune că a face dragoste cu un bărbat impotent nu o sperie, căci știe că poate fi chiar mai bine, cu condiția ca bărbatul să lase garda jos, să se abandoneze relației și să renunțe la a fi obsedat de sexualitatea sa trecută. Poți trăi astfel o aventură inimaginabilă, îmi spune ea. Iar eu știu,

---

[1] *Ibid.*, p. 90. (*n. a.*)

ascultând-o, că a descoperit adevărata libertate erotică și că este un dar pentru bărbatul cu care va face dragoste.

Exigențe juvenile greu încercate

Americanii, fascinați de Orient, și-au însușit toate aceste tehnici erotice. Majoritatea cărților despre *slow sex* au apărut în Statele Unite și sunt devorate de *baby-boomers*[1] din dorința de a rămâne mereu tineri și plini de pasiune.

Autorii, cu toții sexagenari, mărturisesc că sexualitatea lor nu a fost nicicând mai mulțumitoare[2], lucru confirmat de un studiu științific american[3]. Prin cărțile lor, acești autori încearcă să le transmită congenerilor lor căile de acces la o sexualitate împlinită.

Deși au înțeles mesajul – după 60 de ani nu există sexualitate fără dragoste, tandrețe și conștiență –, multora le este greu să se elibereze de imperativele juvenile ale generației lor.

Am dat din întâmplare peste o carte publicată în 2006 în Statele Unite, referitoare la sexul peste 60 de ani[4]. Autoarea,

---

[1] *Baby-boomers* – grup demografic ce cuprinde persoane născute în perioada de *baby-boom* („explozie demografică") de după cel de-al Doilea Război Mondial, între anii 1946-1964. În această perioadă, caracterizată printr-o rată ridicată a natalității (mai ales în Vest), în SUA s-au născut aproximativ 76 de milioane de copii. (*n. red.*)

[2] 70% dintre femeile trecute de 60 de ani, active sexual, afirmă că sunt la fel de satisfăcute, dacă nu chiar mai satisfăcute decât la 40 de ani. (*n. a.*)

[3] Studiu al National Council on Aging (Consiliul Național al Persoanelor Vârstnice), realizat pe baza răspunsurilor oferite de 1.300 de americani, trecuți de 60 de ani. (*n. a.*)

[4] Joan Price, *Better than I ever expected* („Mai bine decât m-am așteptat", Seal Press, 2005. (*n. a.*)

Joan Price, povestește că a dat un mic anunț într-un ziar: "Caut femeie sexy, dar îmbrăcată, trecută de 60 de ani, care să aibă viață amoroasă și sexuală fericită și care este doritoare să-și împărtășească deschis experiențele, într-o carte destinată femeilor. Se asigură anonimatul." Cartea sa aduce la lumină experiențele erotice ale câtorva femei – autoarea nu ne spune câte răspunsuri a primit în urma anunțului dat –, dar le lasă deoparte, evident, pe toate acele femei care se simt ușurate că nu mai au viață sexuală și care reprezintă, după spusele sale, 80% dintre femeile de peste 60 de ani din America.

De la început, Joan Price se întreabă: "Care este motivul pentru care pare atât de bine să faci dragoste la vârsta de peste 60 de ani? La ce te poți aștepta?", în condițiile în care organele sexuale îmbătrânesc, iar simțurile se estompează. Recunoaște că satisfacția sexuală după 60 de ani nu are mare legătură cu corpul, ci mai degrabă cu capul; "răspunsul sexual se află în mintea noastră, nu în organele noastre genitale[1]", spune ea. Existența sexualității după 60 de ani este justificată de faptul că femeile se știu mai bine, își cunosc mai bine trupul și plăcerile, știu mai bine ce vor. Mai mult, la această vârstă sunt mai înțelepte, și dacă sunt singure, își aleg cu mai multă grijă partenerul: caută un bărbat mai matur, orientat către viața spirituală. Posedă în mai mare măsură simțul intimității și, mai ales, nu mai sunt stânjenite de existența copiilor!

---

[1] *Sexual response is in our brains more than our genitals, ibid.*, p. 17. (*n. a.*)

Joan Price face corect distincția dintre „nevoie fiziologică" și „dorință". „Sunt absolut împlinită în plan sexual – scrie ea –, pentru că îmi iubesc și îmi doresc partenerul. Iubesc omul din el. Iubesc intimitatea ce ne leagă[1]." De asemenea, ea remarcă faptul că, la vârste avansate, sexualitatea se apropie de spiritualitate.

Până aici sunt de acord cu ea. Dar pe măsură ce avansez în paginile cărții mă întreb din ce în ce mai des de ce, din moment ce a identificat faptul că după 60 de ani împlinirea sexuală este o chestiune de intimitate a relației, ea cade în capcana juvenilă, crezând că o femeie trebuie să fie atrăgătoare și să ajungă neapărat la orgasm dacă vrea să se simtă satisfăcută sexual. Pe măsură ce citesc, mă simt din ce în ce mai decepționată. Femeile trebuie să fie sexy, drăguțe, cu coapse de oțel, cu picioare de tinerică, întreținute de aerobic, plimbări cu bicicleta și dans, fără niciun rid. În fiecare zi trebuie să practice exercițiile Kegel[2], pentru fortificarea mușchiului coccigian, și să-și pună în vagin un ou de cristal în timpul acestor exerciții. Pe scurt, ele trebuie *să arate tinere*. Doar așa pot rămâne atrăgătoare. Pentru a fi fericite sexual, trebuie neapărat să aibă orgasm. Și cum orgasmul este greu de atins la această vârstă din cauza scăderii libidoului, aceste femei trebuie să apeleze, pentru o stimulare eficientă, la jucării sexuale. O bună parte din carte este un adevărat catalog de obiecte erotice și de trucuri capabile să le ajute pe femei să atingă plăcerea sexuală.

---

[1] Joan Price, *ibid.*, p. 23. (*n. a.*)
[2] Exercițiile Kegel favorizează tonifierea perineului. (*n. a.*)

Atunci, de ce acest apel la performanță, din moment ce prima parte a cărții încearcă să ne convingă de faptul că este „atât de bine după 60 de ani" pentru că te abandonezi în brațele celuilalt și încerci să creezi o legătură intimă?

Meditația orgasmică

Meditația orgasmică este o versiune aparte a *slow sexului*. Una dintre prietenele mele mi-a adus din America o carte semnată de Nicole Daedone[1] referitoare la meditația orgasmică (MO). Este un termen inventat de această frumoasă americancă pentru a denumi o practică destul de ciudată, deși foarte bine pusă la punct, la minut aș spune, care ajută, în opinia autoarei, „orice bărbat să conducă orice femeie la orgasm în cincisprezece minute[2]". Femeia este lungită pe spate, dezbrăcată pe jumătate, cu picioarele depărtate, iar bărbatul mângâie timp de cincisprezece minute clitorisul femeii, încet și cu delicatețe. Este vorba de o trecere de la „mai repede/mai tare" la „mai lent/mai blând". Această practică nu are nicio legătură cu masturbarea pentru că aici este vorba de o meditație, în timpul căreia cel care mângâie și cea care primește mângâierile se eliberează de orice așteptare și fantasmă, pentru a fi pur și simplu atenți la ceea ce se întâmplă în prezent, la ceea ce simte fiecare. Modul în care

---

[1] Nicole Daedone, *Slow Sex, the Art and Craft of the Female Orgasm* („*Slow sexul*, arta și măiestria orgasmului feminin"), Grand Central Life & Style, New York, 2011. (*n. a.*)

[2] *Ibid.*, p. 1. (*n. a.*)

este resimțită senzația face parte din meditație, din relația care se stabilește între cei doi.

Mărturisirile publicate în carte par să confirme faptul că această practică duce la orgasme mai intense și mai profunde, ameliorează calitatea intimității în cadrul cuplurilor, oferă un sentiment de plenitudine și o predispoziție spre a face dragoste.

„Meditația orgasmică" este totuși considerată în Statele Unite o practică rezervată unor cercuri de inițiați. Chiar dacă filozofia lui Daedone este văzută ca „o contrapondere revigorantă la pornografie", îmi este greu să mi-l imaginez pe americanul de condiție medie practicând acest tip de meditație erotică. Îmi imaginez cu și mai multă dificultate un francez de condiție medie ducându-se la un curs de MO (meditație orgasmică) practicată în grup, în lipsa oricărei intimități. Mi-e greu să mi-l imaginez supunându-se unui ritual cronometrat, care ar distruge în el orice farmec și orice poezie a acestei minunate aventuri.

Iubirile vârstei a treia

„La capătul unui culoar necunoscut, privirea mi-a fost atrasă de cadrul unei uși. Am urmărit, ca un voyeur, un cuplu de vârstnici care se sărutau. Am avut senzația că surprind în flagrant o pereche de amanți. Erau acolo, în fața mea, un bărbat și o femeie care se mângâiau cu tandrețe pe tot corpul. Nu auzeam ce își spun, dar puteam bănui cu ușurință că sunt cuvinte tandre, ba chiar, mi se părea, și cuvinte puțin dure. De multe ori mă întrebasem cum arată sexualitatea la vârste înaintate. Și mai aveam o curiozitate personală: oare dorința moare? [...] Din acel moment mi-am trăit viața intimă gândindu-mă la bătrânețe. Credeam că trebuie să trăiesc tot felul de lucruri, fără limite, chiar fără morală.

Din acel moment am resimțit dorința ca pe o urgență, iar senzualitatea ca însăși esența vieții. Cred că, atunci când ești conștient că vei îmbătrâni, trăiești diferit."

DAVID FOENKINOS, *Les Souvenirs* („Amintirile")

O sexualitate afectivă

Este greu să găsești tonul corect atunci când vorbești despre sexualitatea vârstnicilor. Singurul fel în care poți să o faci este să arăți că este *altfel*. Interiorizată, mult mai tandră, mai lentă și mai senzuală. Lipsită de pulsiuni, dar impulsionată de suflet. Este o sexualitate afectivă. Fără îndoială că niciodată în viața unui om expresia „a face dragoste" nu a fost mai plină de semnificații ca acum când se referă la această întâlnire de dragoste, complice, a corpurilor care îmbătrânesc sau care sunt deja bătrâne. Îmi amintesc că Roger Dadoun, în cartea sa *Pour une vieillesse ardente* („Pentru o bătrânețe fierbinte"), nu ezita să o numească „erotică". Cred că are dreptate pentru că „a face dragoste" depășește noțiunea de vârstă. În înlănțuirea erotică, amanții trăiesc o experiență sensibilă, dincolo de granițele temporale, și nimic nu le poate face mai bine.

Am ascultat mărturia Machei Méril și aproape toată lumea a aflat declarațiile extrem de mediatizate ale actriței Jane Fonda: „La 74 de ani, îmi place să fac dragoste și nu am avut niciodată o viață sexuală mai împlinită."

Am văzut reacțiile „specialiștilor" care ne interzic să „vindem iluzii" persoanelor în vârstă, care sunt îndemnate la prudență, pentru că îmbătrânirea organelor afectează, în opinia acestora, și capacitatea de a dori sau de a simți plăcere.

După cum se poate vedea, opiniile sunt diferite. Cred că această confuzie provine din sensul care este atribuit expresiei „viață sexuală împlinită și satisfăcătoare".

Un articol din *Libération*[1], comentând un studiu[2] efectuat timp de 40 de ani pe 800 de femei din California și publicat

---

[1] „Plus femme vieillit, plus femme jouit" („Cu cât o femeie este mai în vârstă, cu atât mai mult ea se bucură de satisfacție orgasmică"), Frédérique Roussel, *Libération*, 6 ianuarie 2012. (*n. a.*)

[2] Studiul „Sexual activity and Satisfaction in Healthy Community-Dwelling older Women", de Ricki Bettencourt, Elizabeth Barret-Connor și Susan E. Tromperer, ianuarie 2012. (*n. a.*)

în *The American Journal of Medicine*, afirmă că procentajul cel mai mare de „satisfacție sexuală" apare la femeile cele mai în vârstă. Într-adevăr, doar 30% dintre femeile de 60-70 de ani care încă fac dragoste declară că sunt „satisfăcute"; în schimb, aproape jumătate din octogenarele încă active pe acest plan spun că au „un nivel ridicat de satisfacție orgasmică".

Acest studiu este contrazis de un altul, canadian[1], care afirmă că, dimpotrivă, avansarea în vârstă nu influențează aproape deloc nivelul de „satisfacție sexuală" a bărbaților, dar că tinde să-l diminueze considerabil pe cel al femeilor.

Am decis să analizez mai îndeaproape rezultatele acestor cercetări. Studiul canadian pe care l-am amintit menționează faptul că s-a preocupat mai cu seamă de „copulație", care are tendința să se reducă odată cu înaintarea în vârstă, fiind înlocuită de parteneri cu mângâieri și sărutări, dovezi mai degrabă ale dragostei decât ale dorinței dintre ei; studiul nu face aproape nicio referire la actul penetrării.

Contradicția dintre cele două studii provine din semnificația diferită pe care o atribuie cuvântului „satisfăcător". În studiul american, acest cuvânt nu este legat numai de copulație, ci de un întreg ansamblu de plăceri intime și de mângâieri cu atât mai semnificative, cu cât aceste gesturi și schimburi între parteneri creează un climat relațional și o „proximitate emoțională și fizică între aceștia".

Erotismul persoanelor în vârstă nu poate fi înțeles dacă nu se ține cont de această intimitate. Dar ce este intimitatea, dacă nu această capacitate de a te deschide în fața celuilalt și

---

[1] „The Effect of Age on Sexual Repertoire and its Concomitant Pleasure", de G. Trudel și M.R. Goldfarb. (*n. a.*)

de a-l primi pe acesta așa cum este? Ce este intimitatea, dacă nu acceptarea reciprocă a vulnerabilității celuilalt? Acest lucru presupune încredere și tandrețe. Nevoia de afectivitate a seniorilor de astăzi este foarte exigentă, deoarece intimitatea căutată scoate cuplul din „închistarea narcisistă". Această nevoie de afectivitate nu se naște dintr-o „comuniune de gusturi sau de interese, ci dintr-o slăbiciune reciproc declarată, proprie condiției umane[1]".

Ce dragoste cu adevărat intimă nu-și dorește ca iubiții să îmbătrânească? se întreabă Yann Dall'Aglio în cartea sa *L'amour est-il has been?* („Dragostea – un concept desuet?"). Ce complicitate amoroasă deplină este lipsită de oboseală comună, de stângăcii, de „reciprocitatea tulburătoare și ofilirea lentă[2]?"

Astfel, *baby-boomerii*, obișnuiți să domine, să controleze, să obțină performanțe, apropiindu-se de bătrânețe, nu au altă opțiune decât să facă o revoluție, propria lor revoluție narcisistă.

Ba chiar sunt constrânși să o facă. „Nu țin în brațe „o bombă sex", ci un corp vulnerabil, bătrân, dar care se emoționează și mă emoționează. Și orice gest al meu față de ea, orice gest al ei față de mine reprezintă un dans. Fiecare îmbrățișare, ușoară sau puternică, este o comuniune", îmi spunea un domn de 72 de ani, văduv de patru ani, care întâlnise de curând o femeie de aceeași vârstă.

Iată de ce există atâta tandrețe și umor în dragostea pe care și-o oferă cuplurile în vârstă.

---

[1] Yann Dall'Aglio, *op. cit.*, p. 95. (*n. a.*)
[2] *Ibid.*, p. 95. (*n. a.*)

Cu siguranță mai fac dragoste

Am terminat de citit *La Joie d'amour*[1] pe ambarcațiunea care ne aducea din Insula Yeu. Barca este plină de turiști, majoritatea familii din zona Versailles, cu copii, toți bronzați și debordând de energie. Părinții aparțin aceste noi generații de *succes*, de 40 spre 50 de ani, activi, dinamici, care fac cinci lucruri în același timp, vorbesc repede și tare, ocupând tot locul. Mai ales pe acela al unor cupluri de persoane în vârstă, discrete și elegante, care încearcă în van să-și apere locurile.

Observ un cuplu și sunt absolut frapată de contrastul izbitor dintre fețele lor liniștite și hărmălaia din jur. Sunt amândoi distinși, dăruiți cu o frumusețe care vine din interior. Cu ochii ușor închiși, sprijinindu-se unul pe celălalt cu afecțiune, par să fie scăldați de un soi de fericire inaccesibilă celorlalți.

În timp ce mângâie cu delicatețe mâna partenerei sale, bărbatul arborează un surâs ușor misterios și blând. Sunt în lumea lor, departe de agitația de pe punte, și mă surprind cuprinsă de o pace și de o bucurie binefăcătoare, având certitudinea că sunt singura ce remarcă existența lor tăcută, neștiută.

Cu siguranță fac încă dragoste, îmi spun eu, cu siguranță! Pentru că o armonie senină și fericită ca a lor nu poate să lase deoparte intimitatea trupurilor. Desigur, nu am nicio dovadă, dar am învățat să văd, uitându-mă la un cuplu, persistența legăturii carnale între două persoane.

---

[1] Robert Misrahi, *op. cit.* (*n. a.*)

Bătrânețea – lenta înaintare a vârstei a treia – este oare un obstacol în calea bucuriei dragostei? se întreabă pe bună dreptate Misrahi. Nu, dacă între parteneri se stabilește acea înțelegere tandră despre care vorbeam mai înainte, dacă există complicitate, tandrețe, atenție a unuia față de celălalt, afecțiune reciprocă. Poate fi totală armonia simțurilor și a spiritului?

Suntem octogenari care încă vrem să facem dragoste

I-am urmărit discret în timpul unul dejun pe care îl luam împreună. El, foarte elegant, îngrijit, dar cu un fizic foarte fragil, îmbătrânit. Ea, mult mai tonică, deși cam de aceeași vârstă ca el. Încă frumoasă, cu trăsături regulate, ochi albaștri și o siluetă subțire și fragilă. S-au așezat alături de mine. El o învăluie cu o privire caldă, ea îi atinge des mâna, cu multă tandrețe.

Se întâmplă atât de rar să fii martor la un asemenea schimb de gesturi afectuoase în public, mai ales când este vorba de un cuplu de octogenari, încât nu am putut să mă abțin. M-am prezentat, le-am povestit despre cartea pe care o scriu referitoare la viața intimă. I-am întrebat dacă ar accepta să-mi vorbească despre viața lor. Sigur, nu sunt în măsură să intuiesc ce fel de viață au, dar afecțiunea manifestată între ei m-a impulsionat. Femeia pare dintr-odată să fie foarte deschisă: „Ne-am reîntâlnit acum doi ani, după ce timp de 40 de ani nu ne-am văzut. Lui Pierre tocmai îi murise soția. Ne-am îndrăgostit din nou."

Deși ard de nerăbdare să aflu mai mult și ea pare gata să-mi spună tot, le propun să le fac o vizită acasă, în Burgundia.

Câteva săptămâni mai târziu, iau prânzul la ei acasă. De fapt, la el, pentru că atunci aflu că nu locuiesc încă împreună. Ea este italiancă și trăiește la Roma. Dar a închiriat un apartament în orășelul din vecinătate, la Joigny, ca să-l poată vizita. Periodic, și el merge la Roma, la ea. La sosirea mea, venerabilul domn suferea de o bronșită urâtă. Deși în haine de casă, era foarte elegant. Am remarcat grija și atenția cu care se îmbrăca, semn de respect pentru sine și pentru ceilalți. Îmi sărută mâna, gest la care sunt foarte sensibilă. Apoi își cere scuze că nu poate rămâne cu noi. Dar Marisa mă va duce la un restaurant foarte bun din oraș unde se mănâncă foarte bine, după care ne vom întoarce și vom lua cafeaua împreună.

Îmi spun că, probabil, preferă să-mi povestească ea mai întâi câte ceva. Probabil că se simte jenată de demersul meu? Să vorbești despre sex la 80 de ani cu o scriitoare care nu-și ascunde intenția de a le publica declarațiile nu cred că i se pare lucru ușor. Descopăr ceva mai târziu că a citit cu atenție cartea mea referitoare la experiența de a îmbătrâni[1], carte pe care le-am trimis-o înainte, pentru a pregăti întrucâtva întâlnirea noastră. Sunt multe pasaje marcate cu creionul, mai ales cele referitoare la sexualitate din capitolul „Să te bucuri de plăcere în ciuda vârstei", lucru care mă mai liniștește – în cazul acesta, vom putea aborda cu lejeritate subiectul.

---

[1] *La chaleur du cœur empêche nos corps de rouiller*, op. cit. (n. a.)

Dar iată-mă acum cu Marisa la restaurant. Încrederea cu care îmi povesteşte despre ei mă emoţionează. S-au întâlnit acum 40 de ani în Italia, dar el era căsătorit şi între ei nu s-a întâmplat nimic. Marisa nu a fost niciodată căsătorită. Bogată, frumoasă, a dus o viaţă liberă, şi-a urmat pasiunile – cultura, psihologia, spiritualitatea. A avut mulţi amanţi. Şi, uitându-mă la ea, îmi spun că a fost una dintre acele italience pline de farmec, victimă fără voie a acestei libertăţi care se plăteşte scump într-o lume macistă. Preţul fiind singurătatea. Un preţ de care ea şi-a dat seama prea târziu, dar a avut puterea să îl recunoască şi, graţie acestui lucru, o prietenă care aflase că Pierre este văduv i-a pus în legătură. „Îmi doream un partener", îmi mărturiseşte ea. La rândul său, el trecuse printr-o serie de grele încercări, un cancer de care s-a vindecat, decesul soţiei lui, tot de cancer. Ca multor bărbaţi, ideea de a trăi singur i se părea de nesuportat şi de aceea i-a făcut Marisei o curte asiduă. „Mi-a scris o scrisoare care m-a emoţionat nespus, întrebându-mă dacă sunt de acord să ocup locul soţiei lui."

Marisa nu avea intenţia să ocupe acest loc, nici să devină infirmiera lui. De aceea, au negociat un mod de viaţă care-i permite să aibă o oarecare autonomie. „Cred că este mai îndrăgostit de mine decât sunt eu de el.", îmi spune ea, dar „felul lui special de a mă săruta pe gură m-a cucerit imediat. Ne iubim şi am devenit un cuplu de octogenari care-şi doresc să facă dragoste". Apoi, reluând, rectifică: „eu am chef să fac dragoste, dar este complicat pentru că el nu a mai făcut acest lucru de mult timp. Mergem la un sexolog care încearcă să ne ajute". Înţeleg din cele spuse de Marisa că ea are încă un libido destul de tânăr și că își dorește o relație sexuală completă. Partenerul ei însă, ca mulți alți bărbați de vârsta lui, nu mai are erecție de mult timp și, de fapt, nici libido. Dar, pentru că o iubește, vrea ca ea să fie mulțumită și face orice pentru asta. Spre exemplu, să meargă să-și expună problemele în fața unui tânăr sexolog de 45 de ani. Mă gândesc că sunt curajoși!

O oră mai târziu, iau cafeaua cu Pierre care se simte ceva mai bine și care îmi povestește ce a încercat să le explice tânărul sexolog la care merg, și anume că sexualitatea unui octogenar nu seamănă deloc cu cea a unui cvadragenar și că nu trebuie să urmărească performanțe, ci să-și descopere trupurile cu afecțiune.

„Nu avem timp să facem dragoste", îmi spune el. Îmi vine să râd: timp?! Marisa îmi explică că nu au pat, de fapt nu au un pat mare! Au două paturi single și nu au cum să doarmă unul lângă altul și să se răsfețe. Seara, după cină, cad de oboseală. Cele câteva întâlniri pe care le-au avut cu terapeuta i-a făcut să înțeleagă faptul că este absolut necesar să-și ia un pat dublu. Faimosul pat va sosi curând. Atunci vor putea să își facă siesta și să se ocupe și de „tandrețuri". Ascult, cu un amestec de uimire și de emoție, cu câtă simplitate vorbesc acești oameni despre viața lor intimă. „În cartea dumneavoastră, exclamă Pierre, afirmați că o femeie poate avea orgasm doar prin simpla apropiere a zonelor intime, chiar dacă bărbatul nu are erecție. Dar Marisa se așteaptă ca eu să am și se simte frustrată că lucrurile nu stau așa! Mă întreb dacă nu ar trebui să iau Viagra." De ce nu? Răspund eu amintindu-mi că François Parpaix prescrisese Viagra unui bărbat de 96 de ani din aceleași motive.

Îmi dau seama atunci cât de înrădăcinate sunt în conștiința bărbaților, dar și a femeilor reprezentările virilității! Și în ce măsură pot ele să amenințe renașterea intimității fizice la vârste înaintate. Din cauza lor, bărbații preferă să renunțe la viața sexuală decât să se inițieze într-un alt fel de a face dragoste. Dar și câte femei în vârstă nu rămân legate de amintirile lor din tinerețe, convinse fiind că singurul mod de a avea orgasm este penetrarea. Simt că acest cuplu vârstnic trece printr-o situație delicată. Dacă doresc să-și trăiască dragostea și vor să o facă astfel cu trup și suflet, trebuie să renunțe la referințele din tinerețe și să fie deschiși către metode noi. Să se ia în brațe în patul încăpător care va sosi curând și să se lase în voia sentimentelor și a corpurilor.

De altfel, amândoi sunt destul de inteligenți să înțeleagă pericolul de a recurge la practici cunoscute. În acest caz, eșecul ar fi indubitabil.

A face gesturi tandre

Este un fel de parafrază pentru „a face dragoste", expresie simpatică pe care am auzit-o la un cuplu în vârstă care făcea încă dragoste, dar într-un mod diferit.

André (89 de ani) și Jeanne (85 de ani) sunt împreună de 65 de ani. Au o stare de sănătate destul de bună și sunt autonomi. Trăiesc în armonie și fericire, nu este nicio îndoială în această privință. Se simte din felul lor de a fi, calm și zâmbitor, din modul în care se poartă unul cu celălalt, din acea

„întâmpinare tandră" pe care o percep ca pe un fel de halou invizibil care îi ține împreună. Te simți bine în compania lor, ceea ce pare să fie un semn bun pentru mine. Vorbim despre viața lor și aflu că s-au căsătorit „pentru toată viața"; și dacă, în ciuda tuturor încercărilor și loviturilor sorții, cuplul lor a rezistat a fost grație faptului că întotdeauna au avut deplină încredere unul în celălalt și și-au fost mereu credincioși. André îmi mărturisește: „Totdeauna m-am gândit că în fața unor tentații – și am avut destule – este suficient să cedezi o dată. Atunci când un bărbat își înșală soția o dată, deschide o ușă pe care nu o va mai putea închide niciodată!" Și Jeanne adaugă: „Am avut întotdeauna încredere în el. Știam că, dacă am o problemă, mă pot baza pe el." Această armonie plăcută care se degajează dinspre ei, astăzi, la această vârstă, provine de fapt dintr-o armonie fizică, dintr-o atracție care a existat dintotdeauna între ei.

Îi privesc și îi găsesc frumoși pe amândoi. El are o eleganță distinsă, o virilitate calmă, o privire care inspiră siguranță, încredere în sine și dorința de a te sprijini pe el. Ea are un chip drăguț, foarte feminin, din care se degajează o senzualitate plăcută și rezervată, nu lipsită de forță. Le adresez o întrebare destul de intimă, la care însă au răspuns degajat: cum a evoluat sexualitatea lor în acești 65 de ani de conviețuire? Fără să ezite, ea îmi răspunde că, în timp, lucrurile au mers din ce în ce mai bine. Desigur, după o lună de miere de trei ani, ea a avut momente când, din cauza sarcinilor și a copiilor, s-a simțit mai puțin disponibilă; el, la rândul lui, a avut și momente mai proaste din cauza serviciului, a grijilor, dar de-a lungul timpului, plăcerea lor de a face dragoste a rămas la fel de vie. „Am făcut dragoste foarte mult timp." De aici am dedus că acum nu mai făceau, dar nu am îndrăznit să-i întreb când au încetat să mai facă deoarece am înţeles că au găsit o altă cale de a-şi împărtăşi sentimentele. Tot ea mi-a spus că niciodată nu au dormit separaţi, că împărţeau acelaşi pat, că adormeau ţinându-se de mână, alăturaţi, şi că acest contact al pielii şi al corpurilor era vital pentru ea.

Apoi mi-a vorbit despre dans. Le-a plăcut întotdeauna să danseze, dansuri de salon la început, iar acum, de curând, le plac dansurile populare. Aici André s-a însufleţit dintr-odată şi mi-a povestit că, în timpul unei vacanţe la schi cu un grup de vârstnici ca ei, au participat la o seară dansantă iniţiată de organizatori, la hotelul la care erau cazaţi. Au dansat vals, tango, paso doble, iar la sfârşit tinerii organizatori au venit la ei să-i felicite pentru felul în care dansaseră, pentru spectacolul pe care-l oferiseră, un spectacol rar, al unor oameni în vârstă, întineriţi de ritmuri şi acorduri. Dansau într-adevăr bine şi se vedea că le face plăcere să danseze. Tinerii nu se mai întorseseră – avuseseră în faţa lor o dovadă că se poate dansa şi face dragoste până la vârste înaintate.

De fapt, André şi Jeanne cultivă plăcerea armoniei, aşa cum cultivi o grădină, cu atenţie şi în deplină cunoştinţă a faptului. Plăcerea este fundamentul cuplului lor, chiar şi atunci când este vorba de împărtăşirea unor preocupări. Sunt atenţi unul cu celălalt, vorbesc mult, nu se rătesc niciodată. Sunt conştienţi de şansa pe care o au de a fi încă împreună şi îi mulţumesc în fiecare zi lui Dumnezeu, în care cred, pentru acest dar.

„Da, suntem norocoşi, pentru că mulţi prieteni ai noştri, de-o vârstă cu noi, deşi sunt împreună, nu se mai iubesc. Îşi umplu reciproc golul din viaţă, dar nu sunt fericiţi." Spun despre această şansă a lor că este un bun fragil, precar, căci, deşi nu se mai tem de „tentaţii" care să le zdruncine cuplul, ştiu că în realitate mai au puţin de trăit şi că va veni o zi în care se vor despărţi.

Aşadar, cuplul nu este o garanţie, un scut contra singurătăţii, de care nu ne protejează defel.

Aceşti oameni au şansa de a fi încă împreună la vârsta lor şi mă gândesc la toţi cei şi la toate cele cărora le-ar plăcea să trăiască această armonie tandră, dar care, singuri fiind, văduvi sau divorţaţi, au tăiat dragostea de pe lista lor de proiecte. Singurătatea i-a aruncat într-un soi de pesimism pasiv. Par să fi acceptat acest doliu al vieţii lor afective şi sexuale, dar adesea cu preţul unei resemnări triste care le accelerează îmbătrânirea. Mă gândesc şi la acele cupluri care nu mai fac dragoste de mult timp, dar care continuă să rămână alături pentru tot felul de motive ce merg de la obişnuinţă până la frica de singurătate. Privirile ni se intersectează uneori în restaurantele unde merg să ia cina: în timpul mesei, nu-şi adresează niciun cuvânt, mănâncă tacticos, fac o apreciere scurtă asupra vinului sau mâncării, dar nu-şi povestesc nimic şi par să se plictisească împreună. Nici vorbă să facă dragoste odată întorşi acasă. Se lansează în ocupaţiilor lor solitare: internet, lectură, TV. Erosul i-a părăsit de multă vreme.

Dorința poate ține toată viața

Când a aflat despre cartea mea referitoare la dragostea la vârsta a treia, doctorul Olivier Soulier mi-a relatat câteva povești ale pacienților săi.

Prima pacientă despre care mi-a vorbit este o doamnă văduvă de 90 de ani. Spune despre ea că este plină de farmec, cochetă, seducătoare. De unde vin toate aceste calități? Fără îndoială, această femeie a rămas așa cum a fost toată viața. „Secretul longevității mele este plăcerea", i-a mărturisit ea odată. Gabrielle a trăit toată viața alături de un singur om, pe o proprietate viticolă din Languedoc. Și-a cunoscut soțul când avea 20 de ani și nu a mai cunoscut niciun alt bărbat în viața ei. Viața lor de cuplu a fost călăuzită de dorință și chiar și la mai bine de 80 de ani făceau dragoste de două-trei ori pe săptămână. Chiar dacă Robert era ocupat la birou, atunci când Gabrielle era asaltată de dorință, nu ezita să-i facă o adevărată demonstrație amoroasă, până când el ceda și făceau dragoste. Dar într-o zi, Robert a murit într-un accident. Gabrielle a „somatizat" moartea lui prin multiple cistite, prurit vaginal etc.

Olivier, care este medicul ei de multă vreme și o cunoaște bine, îi vorbește deschis: „Simți lipsa lui Robert? Simți încă nevoia să faci dragoste cu el?" Gabrielle întreabă la fel de deschis: „Cine poate înțelege că o femeie de 85 de ani simte încă nevoia să facă dragoste, doctore?" Atunci Olivier o întreabă dacă are obiceiul să se mângâie, dar Gabrielle respinge jignită această aluzie – bărbatul ei se ocupa foarte bine de ea. Câteva luni mai târziu, când revine la consultație, pruritul vaginal a dispărut – Gabrielle a luat în considerare sugestia doctorului și, surpriză!, a simțit că Robert este din nou prezent în viața ei și că mângâierile i se datorau întru totul. Olivier spune că nu s-a mirat de această mărturisire a pacientei sale pentru că există o memorie a pielii și a corpului, în general. Când toată viața ai făcut dragoste, acest lucru rămâne imprimat în corp și iese la suprafață cu ușurință. Gabrielle știe astfel cum să păstreze legătura cu Robert, cum să reînvie povestea lor de dragoste și, mai ales, și-a redescoperit dorința care o menține în formă chiar și la această vârstă.

Olivier își amintește de un cuplu în vârstă pe care l-a întâlnit la începutul carierei sale și care l-a găzduit pe vremea când el îi ținea locul la clinică fiului lor, de asemenea medic. Dimineața, pe când își lua cafeaua pe jumătate adormit, îl vedea pe stăpânul casei apropiindu-se și lipindu-se tandru de soția lui ce pregătea micul dejun la aragaz. Amândoi soții se amuzau de acest lucru. De fapt, oamenii aceia dormeau separat din cauza sforăitului lui. Oliver, care pe atunci avea 25 de ani, își imagina că nu mai este loc de viață sexuală între ei. Dar a constatat surprins că lucrurile nu stăteau deloc așa: chiar ei i-au povestit, cu cea mai mare naturalețe, că își găseau totdeauna timp, dimineața sau seara, pentru „o mângâiere". Aveau chiar un ritual amuzant. Intrând în cameră, soțul spunea: „Doamnă, natura își spune cuvântul.", iar ea răspundea râzând: „Facă-se voia Domnului!". Olivier a aflat câțiva ani mai târziu că unul dintre ei a murit, iar celălalt nu a întârziat să-l urmeze la câteva luni căci aceste cupluri foarte unite, în care dorința este ardentă, se sting aproape în același timp, cel rămas în viață plecând la foarte scurtă vreme după celălalt.

Aceste iubiri de la bătrânețe se bazează strict pe calitatea relației, spune Olivier. Există octogenari care au încă erecție și reușesc penetrarea, chiar dacă aceasta durează mai puțin decât în tinerețe, pentru simplul fapt că se simt iubiți și doriți. Pe lângă dorința lor, contează foarte mult atitudinea partenerei. „Femeia, prin mângâierile ei, poate naște dorința într-un bărbat", spune Olivier, povestindu-mi despre un om de afaceri de 60 de ani, cu o soție „mai dificilă", care îl umilea fără încetare, îi spunea deschis că nu mai este în stare de nimic și pe care el, în cele din urmă, a părăsit-o. La 70 de ani, acest om a întâlnit o femeie de 65. Pentru că nu mai făcuse dragoste de zece ani, bărbatul își pierduse orice „capacitate erectilă". Dar noua sa tovarășă nu a dat importanță acestui lucru și i-a propus un joc erotic în care își ofereau plăcere altfel. În doi ani, bărbatul și-a recăpătat funcțiile erectile.

Acest lucru arată că un bărbat își poate redobândi virilitatea dacă are alături o parteneră caldă și iubitoare, spune Olivier. „Este nevoie doar de timp și de dragoste."

Legături erotice dincolo de moarte

Legătura erotică este atât de puternică în unele cazuri, încât unele persoane văduve, atunci când îndrăznesc să vorbească despre ea, afirmă că această legătură durează dincolo de moarte. Dar este vorba despre un subiect tabu, despre un lucru trecut sub tăcere.

Am vorbit cu Noëlle Châtelet care a avut curajul să aborbeze acest subiect în romanul său *Madame George*[1]. Citim aici despre confidențele doamnei Mansour, o văduvă de 75 de ani, „cu o coadă împletită, mai mult albă decât blondă, adusă cuminte pe piept, aflată la psihiatrul său căruia îi povestește despre prezența soțului său mort. Este vorba de suferința unei femei care se trezește brusc fără bărbatul ei. Fără *el*".

„Și cum vă spuneam, doctore, soțul meu mi-a făcut o vizită nocturnă. Sigur, întotdeauna am avut grijă să-i las liber în pat locul din dreapta. N-aș fi îndrăznit să i-l ocup niciodată, niciodată nu am depășit partea mea. E drept că am nevoie de atât de puțin. Nu vine în fiecare noapte. Dar atunci când vine, mă trezesc. Știu când vine. E greu să spun cum de știu. În general, primul indiciu este schimbarea temperaturii – se face deodată foarte cald sau foarte frig deasupra mea. Se simte ca o vibrație în aer, atât de concretă uneori, încât am impresia că mă mângâie cineva pe păr. Îi plăcea atât de mult părul meu, niciodată nu a vrut să mă tund. Apoi salteaua se adâncește ușor, aproape imperceptibil, că am impresia că e doar o părere. Și totuși, e o greutate pe pat, nu ca înainte..., înainte de a muri." Psihiatrul o întreabă dacă este vorba de o greutate fără greutate. „Da, cred că da. Exact. Și senzația unei forme dacă întorc fața spre partea lui de pat, în întuneric. Îmi este greu să explic."

---

[1] Noëlle Châtelet, *Madame George*, Le Seuil, 2013, p. 68. (*n. a.*)

Psihiatrul continuă: „Vreți să spuneți o formă fără formă, invizibilă, și totuși delimitată, și o privire, ca un gând. Abstractă... Ideea unei priviri, nu-i așa, doamnă[1]?"

Această simpatică septuagenară nu se teme de ce i se întâmplă, de prezența soțului său mort în pat, alături de ea. „Mă simt atât de fericită că pot să-l reîntâlnesc! Este dovada vie că se gândește la mine, așa cum și eu mă gândesc la el! La urma urmei, nu există ruptură totală între morți și vii. Există punți între cele două lumi, sunt sigură[2]."

Noëlle Châtelet afirmă că a trăit ea însăși cele descrise în acest roman. Și alte persoane au trăit această impresie fizică a prezenței persoanei pe care au iubit-o. În timpul unei conferințe recente[3], am auzit-o pe Noëlle întrebându-se dacă aceste „corpuri imateriale" sunt efectul imaginației noastre senzoriale sau sunt o realitate pe care știința o va putea explica într-o zi.

Să avem înțelepciunea să ne oprim

În documentarul lui Ludovic Virot, *Sensul vârstei*, difuzat la televiziunea franceză acum câțiva ani, câțiva octogenari povestesc detașat cum a evoluat dorința și viața lor amoroasă.

Un domn de 80 de ani, așezat pe o bancă într-un peisaj de iarnă, ne spune: „Mă simt în stare să fac dragoste ca acum 20 sau chiar 40 de ani. M-am exprimat bine, „mă simt în stare".

---

[1] Noëlle Châtelet, *ibid.*, p. 70. (*n. a.*)
[2] Noëlle Châtelet, *ibid.*, p. 68-70. (*n. a.*)
[3] Colocviul „Căile doliului", 15 noiembrie 2014. Intervenția lui Noëlle Châtelet s-a intitulat „Dragii noștri dispăruți". (*n. a.*)

Dar trebuie să am și ocazia, circumstanțele potrivite, partenera. Ultima pornire de acest gen am avut-o acum patru ani. M-am trezit, așa cum am fost mai întotdeauna, amorezat, dar nu s-a concretizat nimic. În prezent, am o viață liniștită, nu mai am nicio dorință, dar nu mă simt frustrat. Aștept dorința, care nu știu dacă va mai veni sau nu! Cred că dragostea, sub toate formele, este posibilă la orice vârstă. În orice caz, speranța este vie la orice vârstă."

Madeleine, de 80 de ani, trăiește singură într-un cartier chinezesc din Paris și și-a făcut prieteni tineri, prieteni care o duc cu scuterul la piață, cu care ia masa, care o învață să joace ping-pong sau o inițiază în meseria de manichiuristă. Pe scurt, pare să fie fericită în mijlocul lor. Când Ludovic Viriot o întreabă despre viața ei intimă, femeia mărturisește că îi lipsesc gesturile afectuoase ale soțului ei: „Mi-am iubit soțul. Nu pot uita viața noastră intimă și nu mă văd în stare să o iau de la capăt cu alt bărbat. În orice caz, nu mai am vârsta potrivită. Nu mai am nici aceleași dorințe, nici aceleași nevoi ca la 60 de ani." De zece ani este singură, nu mai are „bărbat în casă" și spune că nici nu se gândește la unul. „Asta nu înseamnă că nu observ pe stradă un bărbat frumos sau o femeie frumoasă. Îi spun prietenei mele: Ia te uită, ce frumos e!" Dar totul se oprește aici. I-ar plăcea să mai aibă un contact fizic cu un bărbat frumos? este întrebată. „Ah, nu! Nici nu mi-a trecut prin cap! Le invidiez pe cele care mai pot încă, dar pe mine nu mă văd alături de cineva sau să mai am relații de dragoste la vârsta mea! Să ies cu cineva la o expoziție, asta da. Dar un bărbat în casă nu mai vreau! Mi-a ajuns, nu mai vreau să o iau de la capăt!" spune ea râzând. După care, adaugă: „Mă simt bine cu prietenele mele!"

După Madeleine, facem cunoștință cu Robert, în vârstă de 90 de ani, care face tai-chi în baia proprie. Energia sa, de care se îngrijește constant, este impresionantă. Spune că este foarte fericit, după o viață încercată, și se bucură acum de „libertatea pe care o are". Să se îndrăgostească la vârsta lui? Râde. „Să fii îndrăgostit este ca și cum ai fi bolnav. Nu mai vezi limpede. Nu vezi adevărata față a persoanei. Ești orb! Am fost îndrăgostit, parcă eram nebun, îmi pierdusem orice logică, orice rațiune! Nu, nici nu se pune problema".

Nici Frida nu se vede îndrăgostită. Această femeie de 85 de ani are o frumoasă proprietate pe care o închiriază pentru diferite seminare. Pare împlinită în mijlocul plantelor pe care le îngrijește, al oaspeților pe care îi primește, pentru care prepară prăjituri delicioase și cu care joacă jocuri de societate. Când Ludovic Virot o întreabă despre viața ei intimă, Frida răspunde scurt: „Hai să stabilim un lucru. Nu mă interesează. Nepoata mea mi-a spus că ar fi bine pentru mine să-mi găsesc pe cineva. Și da, mi-ar plăcea să găsesc un prieten, un amic, dar să fie ceva platonic. Mi-ar plăcea să am cu cine să ies la cinematograf sau să merg în vacanțe. La vârsta mea, ce mai pot spera? a întrebat ea."

Frida constată că toți prietenii ei buni s-au dus și că de la o anumită vârstă încolo nu mai poți să-ți faci prieteni adevărați, ca la 20 de ani. „Am întâlnit un domn foarte amabil care vine să mă ajute să mă ocup de albine. Un domn de 90 de ani. Eu am 85, este o diferență onorabilă. Dar bietul de el, chiar dacă se ocupă de albine și își conduce singur mașina, este atât de obosit! Iar eu nu aș putea locui cu cineva care obosește repede, care vrea să se culce devreme seara. Chiar dacă nu dormim în aceeași cameră, dacă eu am chef să joc cărți și lui îi este somn, ce rost are să locuim împreună? Așa că, de la o anumită vârstă, lucrurile devin mai complicate. Nu la fel stau lucrurile cu oamenii care au trăit toată viața împreună și care se cunosc bine, își cunosc defectele. Poate că le este greu, dar nu este jenant. Nu! Nu mai poți lega o relație când ești prea bătrân." La întrebarea dacă ea crede că se mai poate îndrăgosti, Frida răspunde categoric: „Nu, nu cred." De ce? „În primul rând, pentru că am cunoscut în viață bărbați care mi-au oferit tot ce-mi doream de la un bărbat – inteligență, frumusețe, dragoste. Am avut toate acestea, nu am nevoie acum de un surogat, pentru că ceea ce aș putea găsi acum nu poate fi decât o copie palidă a ceea ce am avut. Nu merită efortul. Și apoi, nu mai am chef. Mă simt foarte bine așa cum sunt acum."

Frida evocă apoi toate filmele în care apare câte o scenă de sex. „Îmi spun: iar gimnastică! Nu gândeam așa când eram tânără și plină de dorință. Dar la vârsta mea, dorința a dispărut. Și atunci, bunul-simț îmi spune să mă opresc. De altfel, adaugă ea cu un surâs luminos, lucrurile se opresc de la sine. Și poate că nu este o pierdere, este doar trecerea într-o altă stare. Devii altcineva."

O atitudine binevoitoare

De multe ori am auzit spunându-se că pentru tineri sexualitatea la persoanele în vârstă este de neconceput.

Atunci când nu recurg la cuvinte mai dure ca: dezgustătoare, perversă etc.

De aceea, întâlnirea mea cu o tânără realizatoare TV de 38 de ani, care dovedea îngăduință pentru sexualitatea la vârste înaintate, m-a mirat nespus.

Ne-am întâlnit la o cafea la *Flora*. Andréa Riedinger îmi vorbește cu pasiune despre reportajele pe care le-a realizat în Statele Unite. În special pe cel despre „văduvele vesele".

Își amintește de Naomi Wilzig, femeia care a creat la Miami *Erotic Art Museum* (Muzeul de Artă Erotică), cel mai mare muzeu erotic din lume. În vârstă de 80 de ani, văduvă a unui bancher miliardar care i-a lăsat o imensă avere, Naomi a colecționat mai mult de patru mii de obiecte, tablouri, sculpturi și instrumente din toate epocile. Abia după moartea soțului său care nu împărtășea deloc interesul ei pentru erotism, a fondat acest muzeu unic în lume. Ea locuiește tot în Miami, într-un vast apartament cu vedere la mare, alături de partenerul ei de culoare, Jessie, care abia dacă are jumătate din vârsta ei. Foarte relaxată în privința sexualității ei, Naomi a devenit un fel de sexoterapeut pentru tinere femei cărora le dă sfaturi și sugestii.

Andréa îmi vorbește apoi de Dolores care, văduvă la 80 de ani, „își satisface orice capriciu" și care a îndrăznit să concureze pentru Miss Arkansas, categoria senioare. Andréa a filmat-o în drum spre aeroport, unde mergea să-l întâmpine pe iubitul ei, cu mult mai tânăr decât ea. „Dacă ai ști ce frumos era! îmi spune ea. Și era atâta dragoste pentru ea în privirea lui, felul în care s-au reîntâlnit a fost atât de frumos, mai că-i invidiam!"

Este prima dată când aud o femeie tânără vorbind atât de frumos, chiar cu puțină invidie, despre sexualitatea unei femei care i-ar putea fi bunică. Mărturisesc că mi-a făcut mare plăcere!

Plăcerile dragostei în căminele pentru bătrâni

Sexualitatea vârstnicilor va rămâne un subiect tabu pentru multă vreme de acum încolo, poate pentru totdeauna, dintr-un motiv mai degrabă inconștient decât cultural. Așa cum copiii nu-și pot imagina părinții făcând dragoste, tot așa tinerii nu-și pot imagina sexualitatea la vârste înaintate. Este poate și motivul pentru care această sexualitate este atât de rău înțeleasă în căminele pentru bătrâni.

Cu toate acestea, dreptul la viața privată, la intimitate face parte dintre drepturile fundamentale ale persoanelor – este un lucru pe care cei în drept le repetă fără încetare, an de an. Nerespectarea vieții intime a seniorilor este pur și simplu un soi de maltratare.

Desigur, atitudinile, reacțiile au evoluat, dar există încă îngrijitori care se simt jenați de manifestările afective ale vârstnicilor, mai ales atunci când acești oameni se expun public.

„Dacă gesturile de dragoste către sfârșitul vieții s-ar limita la prezență, la tandrețe, la scurte îmbrățișări sau sărutări, la atingeri, toată lumea ar fi de acord, iar toate căminele pentru bătrâni ar omagia faptul că bătrânețea continuă să rimeze cu tandrețea, cu plăcerea. Și totul ar fi foarte bine în cea mai bună dintre lumile posibile; problema este că, și la această vârstă, plăcerea nu se reduce la tandrețe[1]."

În acest caz, dragostea este condamnată cu cuvinte foarte dure: „urâtă", „murdară", „deplasată". Îngrijitorii le cer medicilor tratamente pentru a calma aceste porniri. Sau copiii celor în cauză cer personalului să îi separe pe „pensionari". Intoleranța familiilor și a personalului căminelor de bătrâni se ascunde sub masca unor argumente ca demența[2], presupusa lipsă de consimțământ sau siguranța. De fapt, toate aceste „bune intenții" care vizează privarea vârstnicilor de intimitate și de sexualitate provin din dificultatea colectivă de a ne imagina dorința erotică a unei persoane în vârstă și de a accepta ideea că apropierea carnală, tandrețea și plăcerea pot exista toată viața.

În formarea personalului pentru căminele de bătrâni se abordează din ce în ce mai des această chestiune. În acest fel, îngrijitorii, devenind conștienți de această dimensiune încă vie în viața rezidenților, vor fi capabili să o respecte. „Este vorba de pregătirea personalului, astfel încât aceștia să înțeleagă faptul că sexualitatea și viața afectivă nu cunosc limită de vârstă", declară Éric Seguin, tânărul director al unui lanț de cămine de bătrâni din zona Finistère, Bretania; „de asemenea,

---

[1] „Șampanie și ceai medicinal. Perspective filozofice asupra dragostei la vârsta a treia", Éric Fiat în *Amours de vieillesse* („Iubirile bătrâneții"), Presses de l'EHESP, aprilie 2009. (*n. a.*)

[2] Geriatra Françoise Forette afirmă că 70% dintre persoanele în vârstă din căminele de bătrâni EHPAD (Etablissement d'hébergement pour personnes âgées dépendantes – departament al Direcției Generale pentru Asistență Socială din Franța care se ocupă de persoanele de vârsta a treia din căminele de bătrâni, *n. tr.*) sunt atinse de boala Alzheimer. (*n. a.*)

li se cere acestora să respecte camera rezidentului ca pe domiciliul sau spațiul personal al acestuia, spațiu în care persoana în vârstă se poate regăsi singură cu ea însăși... În același timp, trebuie însă să ne asumăm riscul de a nu controla totul și de a lăsa loc unei vieți secrete a instituției, cu ușile închise și luminile stinse[1]." Tânărul director este, de asemenea, de părere că ar trebui instalate și paturi duble deoarece „dimensiunile paturilor de o persoană nu sunt favorabile jocurilor amoroase".

Acum zece ani, Paulette Guinchard, pe vremea aceea ministru însărcinat cu problemele persoanelor vârstnice din Franța, îmi atrăgea atenția că simplul fapt că EHPAD oferea doar paturi de o singură persoană în căminele de bătrâni arăta că sexualitatea era „negată oficial, ca să nu spunem interzisă".

În momentul în care începeam să scriu această carte, am aflat de existența unui site care vindea obiecte erotice și care ducea o campanie de sensibilizare a personalului căminelor de bătrâni cu scopul respectării intimității rezidenților. Era o campanie făcută de Sfântul Valentin. Quinquessence[2], așa se numea site-ul, lansa operațiunea „Dorința de intimitate". Pe site se putea citi: „Această sărbătoare este o ocazie de a aminti tuturor că persoanele în vârstă, găzduite în căminele

---

[1] Citez un articol din Huffington Post din 19 iunie 2013, „Sexualitatea seniorilor – cauza unui demers inedit în căminele de bătrâni". (*n. a.*)

[2] Quinquessence.fr este un magazin online care vinde produse erotice fără limită superioară de vârstă, până la 50, 60, 70..., 100 de ani și chiar mai mult pentru că „dincolo de această vârstă, biletul dumneavoastră este totdeauna valabil". (*n. a.*)

de bătrâni, nu-și pot exprima sentimentele de dragoste din cauza privirilor dezaprobatoare ale echipelor de supraveghere din aceste instituții." De aceea, erau puse la dispoziția acestor instituții care „se angajau să aplice procedurile, așa încât să respecte dreptul la intimitate al rezidenților" panouri inscripționate cu lozinca: „Dorință de intimitate. Nu deranjați! Vă mulțumim!", panouri care puteau fi agățate pe toate ușile camerelor.

Respect pentru intimitate? Până unde?

Admir de multă vreme dinamismul acestei femei în totalitate angajată în umanizarea îngrijirilor acordate persoanelor în vârstă – Annie de Vivie, care conduce site-ul Agevillage și care militează încontinuu pentru promovarea conceptului de „Umanitudine" în căminele de bătrâni. Astăzi luăm prânzul împreună.

Într-o conversație referitoare la necesitatea de a crește stima de sine la persoanele în vârstă cu scopul prevenirii pierderii autonomiei, îi povestesc despre ancheta pe care o fac.

Ea îmi povestește o anecdotă în jurul căreia s-a concentrat de altfel o comunicare pe care a susținut-o la un colocviu având ca temă boala Alzheimer. O doamnă în vârstă de 99 de ani se rănea în mod regulat masturbându-se cu tot felul de obiecte improprii, mai ales cu peria de păr. După mai multe spitalizări din cauza unor hemoragii la nivelul vulvei și vaginului, directoarea căminului a chemat tot personalul într-o ședință și a luat decizia să cumpere o jucărie sexuală pentru această rezidentă. Să lase lucrurile cum erau însemna o formă de non-asistență a persoanei aflate în pericol. Trebuia făcut ceva. Nu se punea problema să o priveze pe bătrâna doamnă de toate acele obiecte care-i serveau la ceea ce părea a fi o nevoie imperioasă, o nevoie de plăcere naturală și respectabilă.

„Îți dai seama, nu a fost simplu să convingă tot personalul să voteze pentru cumpărarea unui vibrator pentru pacientă", îmi spune Annie. Dar personalul era format în ideea conceptului de „Umanitudine" și în spiritul de a respecta intimitatea persoanelor în vârstă, oricât de vulnerabile ar fi. După ce au anunțat-o pe tutora bătrânei doamne, care s-a dovedit a fi foarte deschisă propunerii și care a înțeles imediat miza acestei achiziții, directoarea a cumpărat obiectul și i l-a dus bătrânei care strigă „Penis!" și îl pune imediat într-o cutie de ciocolată. Ulterior, căminul nu a mai avut nicio cerere de internare pentru hemoragie. Personalul instituției povestește că într-o zi nepotul acestei rezidente a deschis cutia de ciocolată și s-a înfuriat: ce căuta un asemenea obiect în cutia cu bunătăți a mătușii sale? A trebuit să i se explice acestui domn, șocat de descoperirea pe care o făcuse, întregul demers al echipei; în același timp, a trebuit să fie pus la curent cu realitatea sexualității vârstnicilor și, în speță, cu respectul datorat intimității mătușii sale!

Pe site-ul agevillage.com, citim că bătrâna doamnă spune cu umor că ar fi preferat un tânăr frumos, dar că totuși „Penis i-a ținut companie până la sfârșitul vieții sale".

Concluzii

Ce am învățat din această călătorie în ținuturile în care seniorii noștri își trăiesc dorințele și iubirile, în aceste teritorii aflate puțin la limită, puțin explorate, cu o notă de mister? Experții în viață sexuală m-au prevenit să fiu atentă la angelism – nu îi faceți să creadă pe cei care îmbătrânesc că „vor descoperi America".

După ce mi-au explicat cu lux de amănunte ravagiile pe care bătrânețea le aduce cu sine în plan sexual, aceeași experți au fost de acord că dorința și iubirea rezistă vârstei și pot atinge chiar culmi mirifice. Desigur, este vorba de trecerea la un eros diferit, în care intimitatea erotică presupune renunțarea la sexualitatea cunoscută și abandonul în voia sentimentelor, fără a acorda o mare atenție aspectului și imaginii sinelui.

Cu aceasta, ne aflăm în plină revoluție narcisistă – nu ne mai privim în oglinzi, nu ne mai oglindim în privirea celuilalt, dar căutăm întâlnirea intimă cu celălalt din care plăcerea trupească nu este exclusă.

Din mărturisirile bărbaților și femeilor care au avut privilegiul de a cunoaște această sexualitate mai lentă, mai senzuală, alături de persoana iubită, am ajuns la concluzia că vârsta nu răpeşte nimic din bucuria dragostei, dimpotrivă. Vârsta favorizează apariţia unui amestec de sexualitate şi tandreţe, care este mai dificil de obţinut atunci când eşti tânăr şi impetuos.

Prima condiţie pentru a atinge această stare este să-ţi doreşti iubirea, fie că eşti singur(ă), fie că ai un partener/o parteneră. În fond, este vorba de a simţi viaţa pulsând în tine. Asta înseamnă să iubeşti viaţa şi să rămâi deschis la *nou*.

A doua condiţie este să deţii o bună stimă de sine, ceea ce presupune să ai grijă de tine, de corpul tău, ca şi de spirit, pentru a fi încă o persoană atrăgătoare.

A treia condiţie este să ştii să armonizezi menţinerea distanţei faţă de persoana iubită, pentru păstrarea misterului, cu momentele intime zilnice. Intimitatea se construieşte şi se întreţine prin distanţare şi apropiere, fără de care nu există Eros şi nici dragoste care să reziste.

Aceste trei condiţii înlătură din start persoanele depresive, disperate, nemulţumite, pe cei care nu ştiu ce vor, dar şi pe cei care au decis să pună punct vieţii lor amoroase din diferite motive.

În această ultimă categorie intră cei cărora nu le-a plăcut niciodată să facă dragoste sau care sunt prea inhibaţi, cei dominaţi de convenienţe sociale sau religioase, cei care se simt vinovaţi că practică sexul fără scop procreativ şi care au devenit victime ale „întoarcerii la moralină" (Friederich Nietzsche). Tuturor acestora le amintesc că unul dintre papii noştri, Ioan-Paul al II-lea, a încercat, fără însă a reuşi, să reabiliteze noţiunea de plăcere sexuală. Omul, *neavând* doar corp, ci *fiind* un corp, „carnea nu este „o greşeală" sau

„un blestem". Ea face parte din persoană, și persoana este făcută pentru a se dărui. Dăruindu-se, se găsește pe sine și își întâlnește fericirea". Iată ce putem citi în cartea lui Yves Semen[1] care ne asigură că papa Ioan Paul al II-lea considera „plăcerea ca pe un bun, semn al deplinei comuniuni – prin intermediul intimității trupești – a două persoane, care se oferă una alteia".

Printre cei și cele care au pus punct vieții lor amoroase, se disting cei care afirmă că acest aspect nu îi mai interesează absolut deloc. Fenomenul asexualității m-a intrigat profund și cred că absența oricărei dorințe, revendicată ca o eliberare, este cauzată de promovarea consumerismului sexual și a orgasmului obligatoriu.

Printre cei care renunță la viața amoroasă se numără și persoanele singure, mai ales femeile singure, singurătatea fiind, într-adevăr, o mare problemă.

Le-am înțeles pe acestea atunci când, în cursul anchetei mele, am întâlnit femei, multe femei, care acceptă o relație de dragoste secretă cu un bărbat căsătorit sau pe cele care își caută un partener pe site-urile de întâlniri, căutare ușor adolescentină, ușor iluzorie, deși cunosc cupluri care s-au format pe această cale și care sunt foarte fericite. Aceste întâlniri mi-au demonstrat persistența dorinței, a setei de dragoste și de contact trupesc care există în adâncul sufletului omenesc, indiferent de vârstă. Dar adevărata descoperire a fost creativitatea de care dau dovadă oamenii, bărbați și femei deopotrivă, în această căutare a lor. Am întâlnit femei

---

[1] Yves Semen, *La Théologie du corps* („Teologia trupului"), Éditions du Cerf, 2014. (*n. a.*)

care au învățat că dragostea adevărată este un act de abandonare și de încredere în celălalt pe care trebuie să-l accepți ca atare, cu realitatea și circumstanțele în care vine. M-am emoționat în fața bărbaților și a femeilor care mi-au spus cât de mult a evoluat felul lor de a iubi la această vârstă, eliberat de presiunea posesiei și îmbogățit cu predispoziția de a fi atent(ă) la dorințele celuilalt. Majoritatea sunt în stare să trăiască în prezent și să se bucure de ceea ce trăiesc, fără să se gândească la viitor. La această vârstă, prezentul contează mai mult decât viitorul pentru că nu mai au nimic de construit, în afara unei legături de calitate.

Am fost curioasă să aflu care este ingredientul care face ca un cuplu să poată rezista trecerii timpului și să continue să trăiască în armonie și cu tandrețe. Unele cupluri, domolite, nu mai fac dragoste, dar „folosesc tandrețea", astfel încât bucuria dragostei este în continuare prezentă între ei. Contactul trupurilor este, de asemenea, actual, la fel moliciunea pielii, mirosurile, căldura acesteia și vocile șoptite, care hrănesc dragostea. Această constantă legătură trupească confirmă importanța crucială a contactului fizic în plăcerea de a trăi.

Alții doresc să descopere căi erotice noi, precum cele venite din India și China. Împreună experimentează alte moduri de a face dragoste, mai lente, mai conștiente, mult mai adecvate îmbătrânirii corpului decât sexualitatea impetuoasă pe care au trăit-o în tinerețe. Am făcut eu însămi o incursiune în tantrism, în timpul unui curs unde am aflat foarte multe lucruri noi. Înțeleg mai bine acum de ce atât de mulți tineri seniori sunt interesați de acest *tip nou de sexualitate*, care nu urmărește atingerea orgasmului, ci armonia și comuniunea erotică cu celălalt. Este vorba de o sexualitate spiritualizată, am putea spune, deoarece presupune aprofundarea legăturii intime – corp, suflet, spirit – cu celălalt.

Odată cu instaurarea bătrâneții, calitatea orgasmului scade. Acesta devine mai difuz, mai copleșitor, pierzând acea latură obscură, impulsivă, aproape independentă de voință, care ține mai mult de simțuri decât de conștiență. Când îmbătrânim, corpurile noastre își pierd acea calitate de „mașini de dorit", ca să folosesc o expresie a lui Deleuze. Dar cu atât mai bine! Pentru că astfel, ele devin mai sensibile, sunt trăite de interiorul nostru și devin corpuri animate.

Iată de ce Robert Misrahi spune că extazul carnal, atunci când este conștient, capătă un plus de bogăție și sens. „Ființa iubită simțind, grație celuilalt, că este făcută din piele și carne diafane nu se percepe concretă (cum se crede adesea), ci, dimpotrivă, ireală: ea devine corpul-persoană pe care îl iubim și admirăm. Mângâierile sunt, în acest caz, calea către delicatețe și suavitate; fiecare simte atunci în propria sa emoție prezența dragostei. În bucuria și plăcerea dragostei, fiecare se bucură de prezența celuilalt întru trup și spirit, fiecare oferă și primește de la celălalt o *prezență totală*.[1]"

Filozoful Misrahi reia cu alte cuvinte afirmația lui Paul Valéry: „Cel mai profund lucru la mine este pielea." Prin apropierea tandră a trupurilor descoperim necunoscutul și unicul din celălalt.

---

[1] *Sublinierea autoarei. (n. a.)*

Există un tărâm, în acest ținut al seniorilor, în care se experimentează această erotică a fericirii. Plăcerea trupească nu este doar o tulburare carnală și genitală, ci o „bucurie vie" care traversează deopotrivă trupurile și spiritul. „O bucurie comună și împărtășită, în care partenerii se călăuzesc unul pe celălalt către extazul suprem[1]."

Călătoria mea se apropie de sfârșit. Dragostea la vremea senectuții există pretutindeni, dar adesea este ascunsă, ferindu-se de privirile răutăcioase sau răuvoitoare. În ultima vreme se constată însă o luare de atitudine împotriva nedreptății pe care o facem seniorilor prin nerespectarea dreptului lor la intimitate.

În fine, sper ca acest demers al meu să contribuie la o schimbare a mentalității noastre referitoare la libertatea de a iubi și a dori. Doar protejând această libertate putem spera la o viață împlinită. De-a lungul întregii cărți am arătat că transformările pe care le suferă corpul nostru odată cu vârsta nu împiedică, ci dimpotrivă, favorizează accesul la „suprema bucurie" despre care vorbește filozoful Misrahi, pentru că aduce în lumină o problemă de conștiență, de abandon voit în fața celuilalt și, în final, de intimitate. Ne aflăm în fața unei căi care duce către împlinire căci, doar atunci când simțim „prezența de netăgăduit a dragostei" în viețile noastre, suntem pătrunși de bucuria desăvârșirii.

---

[1] *La Joie d'amour*, op. cit., p. 234. (*n. a.*)

Postfață inedită

Reacțiile suscitate de apariția cărții *Sex & Sixty* m-au determinat să scriu această postfață pentru ediția de buzunar, apărută sub un titlu diferit „*Vârsta, dorința & dragostea*". Credeam că această carte nu va interesa decât sexagenarii, dar mi-am dat seama că mă înșelam, căci a reușit să stârnească și interesul celor mai tineri. Apoi, nu am realizat că relatarea descoperirii de către mine a practicilor tantra va provoca atâta curiozitate și va ridica atâtea întrebări, mai ales în rândul femeilor. În fine, pe lângă seniorii având o bună stare de sănătate, în această carte s-au regăsit și persoane mai fragile, ce și-ar fi dorit să insist mai mult asupra erotismului celor delicați sau vulnerabili.

Interesul pe care l-a suscitat în rândul tinerilor jurnaliști, care mi-au pus numeroase întrebări la lansare, a fost pentru mine o surpriză. Annie Duperrin[1] mi-a mărturisit, la finalul întâlnirii, că, apropiindu-se de 50 de ani, era fascinată de ce am scris. „Pentru mine, asta înseamnă să știu ce mă așteaptă mâine", mi-s spus ea. Olivier de Lagarde, de la France Info, era, de asemenea, vizibil emoționat de ideea susținută de

---
[1] Jurnalistă la *Notre Temps*. (*n. a.*)

mine referitoare la rolul de inițiatoare al femeilor în continuarea fericită a sexualității tardive. Am aflat ulterior că făcuse promovare susținută cărții mele în timpul unui colocviu organizat de o societate de asigurări. Dar reacția care m-a mirat cel mai mult a fost cea a unei jurnaliste belgiene de 25 de ani care mi-a spus că ea și-a îndemnat toate prietenele să citească această carte originală despre sexualitate. În cele din urmă, nepoata mea, Léa, de 22 de ani, mi-a cerut cartea, lucru pe care eu nu aș fi îndrăznit niciodată să-l fac. „Mă interesează subiectul!", mi-a spus ea.

I-am împărtășit reacțiile venite din partea celor tineri sexologului François Parpaix. „Nu mă miră!", mi-a spus el. Tinerii sunt saturați de sex: internetul, filmele pornografice, avalanșa de articole de presă despre necesitatea orgasmului, despre felurile de a-l atinge sfârșesc prin a răpi orice mister al sexualității. „Prin cartea ta, tu ne faci să descoperim un alt tip de sexualitate, mai emoțională, mai lentă, mai senzuală, eliberată de normele restrictive ale performanței. Cred că tinerii au nevoie de această perspectivă."

Am avut ideea să o întreb pe tânăra jurnalistă belgiană, Marine Uhissy, care aparține, după cum ea însăși spune, „generației Tinder și altor site-uri de întâlniri online", dacă ar dori să scrie câteva rânduri despre ceea ce i-a inspirat cartea mea.

„*Îmi cere explicații, mie, tinerei femei cu trup viguros, dar sexualitate poate prea automată și repetitivă*". Marine îmi spune că și-a dat seama că tinerețea trupului său nu este veșnică și că sexul „de performanță" nu va fi întotdeauna posibil. Cartea mea arată, spune ea mai departe, că trebuie să îngropăm acel tip de sexualitate, *"pentru a pleca în căutarea unui alt fel de împlinire sexuală, o împlinire care presupune explorarea unor orizonturi necunoscute. Ce varietate de excitații! Mai cu seamă acestea au suscitat interesul meu, în aceste vremuri în care noi, tinerii, dorim mereu să știm și să experimentăm tot, animați fiind de dorința de a ne (re)întoarce spre natural și autenticitate.*

La urma urmei, care tânăr, adept al sexului sălbatic, se poate considera 100% satisfăcut și împlinit?

Faptul că fericirea sexuală nu este cantonată exclusiv în actul sexual, ci în intimitate, tandrețe și empatie nu este nici o inepție, nici o idee „învechită". Dimpotrivă, este o provocare, un adevărat mister pe care ar trebui să-l elucidăm cât mai repede și pe care reușim să-l elucidăm pe măsură ce parcurgem paginile cărții, descoperind diversele teme abordate, cum ar fi viziunile orientale asupra sexului, Kama Sutra, tantrismul sau meditația orgasmică etc.

În fine, de ce ar trebui să așteptăm ca trupul nostru să se șubrezească pentru a descoperi sexul erotic, mai lent, mai senzual, mai spiritual, dacă acesta favorizează experimentarea unor relații sexuale mai profunde?"

A doua mea mare surpriză a fost să descopăr cât de multe femei doreau să le povestesc mai multe despre tantra. Am fost întrebată dacă aș fi dispusă să predau câteva cursuri referitoare la evoluția sexualității după 60 de ani. Este o sete enormă de a experimenta o altfel de sexualitate, mai meditativă, mai conștientă, dar subiectul este atât de delicat, aproape tabu, încât aceste femei trăiesc această dorință într-o mare singurătate. Și chiar și atunci când au partener, îmi scriu ele, și-ar dori ca partenerul lor să accepte acest dans senzual pe care ele îl simt posibil. Ele sunt convinse că o astfel de abordare i-ar putea ajuta pe parteneri să depășească anumite probleme ca o eventuală pierdere a capacității erectile, să exploreze o armonie erotică la fel de satisfăcătoare ca sexul clasic. Aceste femei au însă nevoie de ajutor. M-am gândit cu seriozitate la această cerere implicită din scrisorile pe care le primesc. Și probabil în câteva luni voi începe aceste cursuri.

În fine, am avut o discuție cu prietenul meu Jean Olivier Héron[1]. Eram pe Insula Yeu și luam cafeaua dimineața, în port. Jean-Olivier tocmai terminase de citit cartea mea. „Lipsește ceva din cartea ta", mi-a spus el. Trebuia să vorbești și despre dragostea trupească dintre două persoane vulnerabile. „Dragostea pură" care leagă un bărbat și o femeie care știu că vor muri și care se află „în acea stare absolută a celor care sunt conștienți că sfârșitul le este aproape". Îmi povestește apoi despre experiența prin care a trecut cu Marie-Françoise – soția sa, care a murit de cancer cerebral –, în ultimele săptămâni de viață. El însuși aflase în acele zile că este bolnav și că nu mai are mult de trăit. *„Niciodată nu ne-am iubit mai mult ca în acele luni când nu mai aveam niciun alt punct de sprijin decât existența celuilalt. Am trăit experiența pe care mii de cupluri au trăit-o înaintea noastră, aceea a iubirii*

---

[1] Jean-Olivier Héron – ilustrator, scriitor, fondator al Editurii Gallimard Jeunesse. (*n. a.*)

gratuite." În acele momente, Marie-Françoise, *„topindu-se văzând cu ochii, incapabilă să-și mai domine corpul devenit o păpușă de cârpă"*, i-a spus: *„niciodată nu te-am iubit mai mult ca acum"*. La rândul său, nici el nu a simțit că a iubit-o vreodată mai mult. *„De unde vine această bucurie care se topește în nefericire? Această dragoste atât de caldă, de lină, de puternică când noi suntem atât de slabi?"*

Am ținut să includ această mărturie în postfață pentru că este încă o dovadă a forței cu care dragostea țâșnește chiar și în neantul celui sau celei care a pierdut aproape totul. Ce altă concluzie aș fi putut să concep pentru o carte care încearcă să demonstreze puterea dragostea, a bucuriei de a iubi, chiar și atunci când trupurile ne trădează?

Marie de Hennezel

Mulțumiri

Le mulțumesc Machei Méril, Brigittei Lahaie, lui Annie de Vivie, doctorului François Parpaix, doctorului Olivier Soulier, lui Jean-Louis Terrangle, lui Éric-Emmanuel Schmitt, lui Jacques Lucas și Marisei Ortolan, tuturor prietenilor mei și acelor seniori, bărbați și femei care, sub pecetea anonimatului, au acceptat să vorbească despre un subiect extrem de intim și tabu în societatea noastră, rupând astfel bariera tăcerii ce ne împiedică să privim realitatea în față.

Apariții recente:

Inteligența corporală. Lasă gândurile să treacă, ascultă-ți corpul, pentru a dobândi înțelepciune, încredere și succes,
Steve Sisgold

Ghidul superfemeii. Strategii pas cu pas pentru o viață împlinită și echilibrată,
Jaime Kulaga

Acționați și gândiți ca un lider,
Herminia Ibarra

Cele mai importante 76 de întrebări și răspunsuri din management,
James McGrath

52 de schimbări uluitoare pentru a deveni mai fericit și mai sănătos,
Brett Blumenthal

Copilăria dictatorilor,
Veronique Chalmet

Abundența acum. Amplifică-ți viața și obține prosperitatea astăzi,
de Lisa Nichols & Janet Switzer

Fericire și leadership. Ghid de inițiere,
Louise Leroux

Ai tot ce-ți trebuie. Cum să trăiești în deplină armonie cu tine însuți,
Gerad Kite

Bărbați, femei. Trăiscă diferența!,
Pilar Sordo

Dă timpul înapoi! Cel mai eficient plan de combatere a semnelor îmbătrânirii,
Nigma Talib

Atinge imposibilul. Cum să faci față provocărilor și să obții succesul în viață, muncă și sport,
Greg Whyte

Societatea nesigură,
Andrei Marga

Ia decizii bune! Cum să alegi corect în viață și în carieră,
Chip Heath & Dan Heath

Iubești viața? Gestionează timpul!
15 secrete ale unor oameni de succes,
Kevin Kruse

Puterea creierului și uimitoarele sale capacități,
de Nathalie Delacroix & Jean-Marie Delacroix

Totul despre femei. Ghid pentru bărbați,
John Gottman, Julie Schwartz Gottman,
Douglas Abrams & Rachel Carlton Abrams

Tați puternici, fiice puternice.
10 secrete pe care orice tată ar trebui să le știe,
Meg Meeker

Terapie pentru cupluri,
Elizabeth Carroll & Jim Carroll

Limbajul corpului. Atenție, gesturile vorbesc pentru noi!,
Isabelle Duvernois

Aruncând cu pietre în autobuzul Google.
Cum dezvoltarea devine inamicul prosperității,
Douglas Rushkoff

Terapia prin atingere pentru adolescente,
Christine Wheeler

O zi cu...,
de Franz-Olivier Giesbert & Claude Quétel

Cei deștepți nu țin diete. Cum ne pot ajuta ultimele descoperiri științifice
să slăbim și să ne menținem supli,
Charlotte N. Markey

Ce întrebări pun copiii și cum să le răspunzi,
Miriam Stoppard

Cheile longevității active,
Roger Castell

Succesul ca mod de viață.
Trezește-te din visare, acționează acum, preia controlul,
Bernard Roth

Îndrăznește! De la idei inovatoare la povești de succes,
Peter H. Diamandis & Steven Kotler

10 sfaturi pentru o mamă fericită,
Meg Meeker

Dacă ești așa deștept, de ce nu ești fericit?,
Raj Raghunathan

Internetul nostru. Știm mai mult, înțelegem mai puțin,
Michael Patrick Lynch

Secretele meditației.
Ghid practic pentru dobândirea păcii interioare,
davidji

Geografia geniului.
Cele mai creative locuri din lume: de la Atena antică la Silicon Valley,
Eric Weiner

Femei care aleargă cu lupii.
Povești și mituri ale arhetipului femeii sălbatice,
Clarissa Pinkola Estes

Cheia mindfulness.
Conștientizează prezentul pentru a fi fericit și echilibrat,
Sarah Silverton, Vanessa Hope & Eluned Gold

Al Treilea Val. Viitorul în viziunea antreprenorului,
Steve Case

Cum poate mintea să vindece corpul,
David R. Hamilton

100 de pași pentru o viață de succes,
Nigel Cumberland